비즈니스 연금수리학

비즈니스 연금수리학

ⓒ 도미니끄 베커스, 임진순, 2025

초판 1쇄 발행 2025년 11월 28일

지은이	도미니끄 베커스, 임진순
펴낸이	이기봉
편집	좋은땅 편집팀
펴낸곳	도서출판 좋은땅
주소	서울특별시 마포구 양화로12길 26 지월드빌딩 (서교동 395-7)
전화	02)374-8616~7
팩스	02)374-8614
이메일	gworldbook@naver.com
홈페이지	www.g-world.co.kr

ISBN 979-11-388-5004-9 (03320)

비즈니스 연금수리학

ACTUARIAL MATHEMATICS FOR PENSIONS

도미니끄 베커스Dominique Beckers · 임진순 지음

좋은땅

서문

『비즈니스 연금수리학』은 유럽, 특히 벨기에의 연금계리 실무를 바탕으로, 한국의 연금계리 실무자가 현장에서 바로 적용할 수 있는 시사점과 해법을 제시하기 위해 기획된 책입니다.

공동 저자인 도미니끄 베커스(Dominique Beckers) 교수는 통계학과 계리학 분야의 세계적인 명문 벨기에 루벤대학교(KU Leuven)에서 계리학을 가르치고 있으며, 오랜 시간 유럽 보험 및 연금 시장에서 실무 경험을 쌓아 온 전문가입니다. 이 책은 그의 경험과 통찰을 바탕으로, 연금의 제도·이론·실무를 아우르는 실제적 감각을 전달합니다.

그렇다면 왜 벨기에일까요?

벨기에는 작은 국가지만, 수도 브뤼셀은 유럽연합(EU)의 행정 중심이자 Solvency II 등 유럽 보험·연금 감독제도의 핵심 정책이 논의되고 실행되는 거점입니다. 벨기에는 이러한 건전성 감독제도를 대한민국보다 먼저 실무에 반영해 온 국가이며, 그 과정에서 축적된 실무 경험은 오늘날 국내 연금제도 설계와 운영의 참고 기준이 됩니다.

2023년부터 IFRS 17과 K-ICS를 도입한 한국에도 이는 의미가 큽니다.

제도 기반이 아직 완전히 정착되지 않은 상황에서, 벨기에 사례는 한국의 현 위치를 진단하고 실무 전략을 구체화하는 데 직접적인 참고 자료가 됩니다.

이 책은 단순한 이론서가 아니라, 실제 현장에서 쓰이는 계리 기법과 운영 사례를 담은 실무 지침서입니다.

- 생명표(Life Table)는 어떻게 설계되고,
- 재원적립(Funding)은 어떤 방식으로 이루어지며,
- 수급권(Vesting)은 어떤 조건에서 확정되는지,
- 책임준비금(Reserves)은 어떤 방식으로 산정되고,
- 지급여력(Solvency)은 어떻게 평가되고 관리되는지

이 모든 핵심 주제들이 실제 연금 실무에서 어떻게 구현되는지를 유럽의 구체적인 사례를 통해 풀어냅니다. 특히 연금기관의 재무상태표에 계리기법이 어떻게 반영되는지를 다룸으로써,

- IFRS17 기반 보고 업무,
- 적립금 평가 및 공시,
- 지급보장 검토,
- 리스크 기반 연금 설계 등

현장에서 직접 마주하는 과제들에 대한 실무적 해석을 제시합니다.

연금계리 실무의 기준이 바뀌고 있는 지금,

이 책은 먼저 그 전환을 겪어 낸 유럽의 실무 경험을 통해,

한국의 연금계리사들이 자신만의 해답을 설계하고 한 단계 성장할 수 있는 실용적 안내서가 되어 줄 것입니다.

차례

연금 - 사망률에서 재무상태표까지

이 책은 연금의 기본 원리를 보다 명확히 이해하고자 하는 모든 이를 위한 것이다. 특히 오늘날 연금 비즈니스의 실무에서 실제로 활용되는 계리학의 기본 개념과 원리에 초점을 맞추고 있다.

연금은 종종 복잡한 제도로 여겨진다.

아주 먼 미래에 약속된 연금을 어떻게 하면 안정적으로 이행할 수 있을까? 더 나아가, 그 제도에 재원을 적립하는 사람들이 노후에 소득 창출 능력이 현저히 감소했을 때에도, 자신이 정당하게 연금을 받을 수 있으리라는 신뢰를 어떻게 유지할 수 있을까?

여기에서 연금급여(pension benefit)란 노후에 품위 있는 생활 수준을 유지하기에 충분한 소득을 의미하며, 이는 연금의 사회적 지속가능성(social sustainability)을 구성하는 핵심 요소 중 하나이다. 계리학적(actuarial) 관점에서 이러한 연금 문제는 최소한 네 가지 핵심 주제를 포함하며, 각각에 대한 면밀한 검토가 필요하다.

사망률의 측정(Mortality)

사망률은 어떻게 측정되는가? 그리고 기대여명(life expectancy)과 연금이 지급되어야 할 기간은 어떻게 예측할 수 있는가? 오랫동안 계리사들은 이러한 불확실성을 다루기 위해 "생명표(life table)"를 개발해 왔다.

생명표는 해석에 각별한 주의가 필요하지만, 이미 연금계산(pension calculus)의 핵심 요소로 널리 활용되고 있다. 이는 개인이 생존할 것으로 예상되는 불확실한 기간에 걸쳐 지급될 연금의 현재가치를 산출하는 데 사용된다. 이러한 개념들은 계리기준(actuarial standards)에 근거하며, 제1장에서는 구체적인 수치 예제를 통해 자세히 설명된다.

연금의 재원적립(Funding)

연금지급을 뒷받침할 충분한 책임준비금을 장기간에 걸쳐 조성하려면, 현재 어느 정도의 자산을 확보해야 할까? 계리사들은 초과적립(overfunding)과 과소적립(underfunding)을 방지하면서, 비용을 시간에 걸쳐 합리적으로 분산할 수 있는 다양한 재원적립방식(funding techniques)을 개발해 왔다.

제2장에서는 오늘날 일반적으로 사용되는 재원적립방식들을 정의하고, 그 이론적 설명과 함께 예제를 통해 상세히 다룬다.

수급권 확정(Vesting)

연금은 본래 의도된 대상자에게 지급되어야 한다. 이것이 실제로 의미하는 바는 무엇일까? 연금 수급권이 '확정(vesting)'되려면, 가입자나 수급자가 현재 또는 미래에 해당 급여를 수급할 수 있는 즉각적(immediate)이고 확정적인(fixed) 법적 권리를 취득한 상태여야 한다. 이러한 연금 수급권 확정 규정(vesting rules)은 일반적으로 법률에 의해 정해지며, 연금의 사회적 지속가능성을 보장하는 데 중요한 역할을 한다. 제3장에서는 이 '연금 수급권 확정'의 개념을 정의하고, 앞 장에서 사용된 동일한 핵심 예제를 통해 이를 구체적으로 설명한다.

지급여력(Solvency)

재원적립이 충분하고 수급권 확정이 사회적으로 수용 가능한 상황에서, 과연 연금 약속(pension promises)이 장기간에 걸쳐 실제로 이행될 수 있다고 어떻게 확신할 수 있을까? 또한, 연금제도를 운영하는 주체(pension provider)와 고용주(pension sponsor)가 연금기금의 재무건전성을 장기간 유지할 수 있다고 어떻게 보장할 수 있을까?

금융, 산업, 시장 환경은 급변할 수 있으며, 때로는 금융위기나 팬데믹과 같은 극단적인 경제 사건이 발생하기도 한다. 적립방식(capitalisation)을 기본구조로 채택한 연금제도에서는 지급불능(insolvency) 상황으로부터 가입자와 수급자를 보호하기 위해 충분한 자기자본을 보유해야 한다. 연금기금은 극단적 위험 발생 시 손실을 흡수하고, 시장 변동성(volatility)에 효과적으로 대응할 수 있는 수준의 자기자본을 유지해야 한다.

계리사들은 이러한 불확실성을 정량적으로 측정하고, 고용주, 가입자, 수급자에게 필요한 정보를 제공하기 위해 다양한 리스크 평가 기법을 지속적으로 개발하고 있다.

이 책 '**생명표에서 재무상태표까지(From mortality to balance sheet)**'는 사망률 측정, 연금의 재원적립, 수급권 확정, 지급여력에 대한 주요 계리기법들을 소개하고, 이들이 연금기관의 재무상태표에 미치는 영향을 함께 다룬다. 각 기본 개념은 독자의 명확한 이해를 돕기 위해 간단한 예제와 함께 설명한다.

연금과 생명표

제1장

연금과 생명표

I.1. 연금의 정의

연금은 특정한 자격 요건을 충족한 수급자에게, 생존하는 동안 정기적으로 일정 금액을 지급하는 금전적 급여로 정의할 수 있다. 이러한 자격 요건에는 연령 요건(연금수급 가능연령 또는 정년)과 근속 요건(일정 기간 이상의 근속)이 포함될 수 있다. 경우에 따라 연금은 일시금(a lump sum)의 형태로 지급되기도 한다.

연금은 지급되는 형태뿐만 아니라, 재원을 마련하는 방식도 다양하다. 이러한 제도를 설명할 때 흔히 사용하는 개념이 다층연금체계(pillar approach)이다. 이 접근법은 퇴직자가 받는 최종 연금이 하나 이상의 '주(pillar)'에서 발생하는 연금의 합으로 구성된다고 본다.

① 일주연금(1st pillar): 정부가 운영하는 공적연금제도로, 모든 (근로)국민이 의무적으로 가입한다.

② 이주연금(2nd pillar): 직업활동(professional activity)과 연계된 제도로, 고용주 및 근로자가 속한 업종별 단체, 또는 자영업자가 운영하며, 직

장 기반으로 적립이 이루어진다.

③ 삼주연금(3rd pillar): 개인이 장기적이고 자발적으로 저축하여 적립하는 개인연금이다.

연금에 대한 정의는 제2장에서 재원적립 과정을 논의할 때 다시 다루며, 이때 연금재원을 충분히 뒷받침할 수 있는 계리적 구조(actuarial structures) 설계에 대해서도 검토한다.

연금제도의 핵심 요소 중 하나는 연금수급 개시연령(pensionable age), 즉 퇴직시점이다. 과거에는 이 시점이 공식적으로 고정되어 근속과 퇴직시점을 명확히 구분하는 기준점 역할을 했다. 서유럽 국가들의 경우 이 연령은 보통 65세 전후로 설정되어 있다.

오늘날 연금 개시 시점은 더 이상 고정된 시점이 아니라, 근로와 퇴직이 병행되는 전환기간(transition period)의 개념으로 이해되고 있다. 이러한 하이브리드 형태(hybrid situation)의 전환기간이 제도적으로도 허용된다. 이에 따라 계리사들은 이러한 유연성을 연금의 정의와 개시시점의 결정 과정에 반영할 수 있도록, 안정적이고 지속가능한 계리적 메커니즘을 개발하고 있다.

I.2. 사망률 측정과 기대여명

연금은 일반적으로 "수급자가 생존해 있는 동안" 지급되므로, 연금 가치를 계산할 때는 이 지급기간을 반드시 고려해야 한다. 이 지급 기간을 논의하기 위해서는 기대여명(life expectancy) 개념이 필수적으로 수반된다.

기대여명은 특정 연령의 사람이 평균적으로 앞으로 몇 년을 더 생존할 것으로 예상되는지를 나타내는 정보로 정의된다. 하지만 기대여명은 개별 개인의 생존기간을 예측하는 지표로 사용할 수 없으며, 사망률이 측정된 공통 특성을 가진 특정 집단에 속한 개인에게 평균적으로 기대할 수 있는 생존기간을 나타내는 집합적 지표(aggregate indication)이다. 이러한 집단 특성에는 연령, 성별, 직업, 생활습관, 거주지역, 인종, 교육수준, 혼인 여부 등 매우 다양한 요소들이 포함될 수 있다.

사망률을 측정하는 가장 기본적인 방법은 특정 집단에서 발생한 사망자 수를 집계하는 것이다. 이러한 집계는 보통 정부기관이 수행하며, 사망 원인과 상황에 대한 정보 및 통계도 함께 수집한다.

사망률의 원시데이터는 Human Mortality Database(www.mortality.org)에서 확인할 수 있다. 이 데이터베이스는 대한민국을 포함한 여러 국가와 지역의 인구 및 사망률 데이터를 무료로 제공한다.

사망률의 원시입력값(raw input)은 다음과 같다:

- Rl_x: 특정 시점에 관측된 x세 생존자 수
- Rd_x: x세 이상과 x+1세 미만 구간에서 관측된 사망자 수

이러한 원시데이터를 기반으로 원시사망률계수(raw mortality coefficient, RM_x)를 정의할 수 있다. RM_x는 순수빈도함수(pure frequency function)

로, x세 이상 x+1세 미만 구간의 사망자 수(Rd_x)를 x세 생존자 수(Rl_x)로 나눈 값이다.

(f.I.1) $RM_x = Rd_x / Rl_x$

원시사망률계수 RM_x는 특정 관측기간 동안 x세까지 생존한 개인이 향후 1년 내에 사망할 확률에 대한 통계적 근사치이다. 이러한 1년 사망확률(1-year mortality probability)은 일반적으로 q_x로 표기한다.

따라서,

(f.I.2) $q_x \approx RM_x$

그러나 원시사망률계수(RM_x)는 연금계산에 바로 활용하기에는 바람직하지 않은 특성을 지닌다. 연속된 연령 구간에서 불규칙한 사망률 패턴이 나타나는 비연속성[1](non-continuity) 때문이다. 이로 인해 연금계산 결과(예: 보험료, 기여금, 급여)가 단순히 "나이가 들수록 사망률이 증가한다"는 일반적인 인식과 어긋나는 경우가 발생할 수 있다.

이러한 불규칙성은 벨기에 인구를 대상으로 한 연령별 RM_x을 시각화한 그림 I.5와 그림 I.6(원시사망률과 생명표)에서도 확인할 수 있다. 과거 계리사들은 원시사망률계수의 비연속성 문제를 해결하고 계산의 안정성을

---

1)   사망률이 전연령에 걸쳐 증가하지 않고, 증가하거나 감소하는 불규칙한 패턴을 의미한다.

확보하기 위해, 불규칙성을 보정하는 도구로 생명표(life table)를 도입하여 활용해 왔다.

1.3. 생명표

가장 기본적인 형태의 계리생명표(actuarial life table)는 x세 개인이 다음 생일까지 사망할 확률을 연령별(x)로 나타낸 표다. 이 확률을 나타내는 계리기호는 q_x이며, 이는 x세 개인이 연초에 살아 있었다는 조건하에 1년 이내에 사망할 확률, 즉 1년 사망확률을 의미한다.

생명표는 크게 두 가지 요소에 따라 다양한 방식으로 작성될 수 있다. 첫째, 기초 인구자료(코호트)의 종류, 둘째, 계산 목적에 맞게 데이터를 보정하는 평활화 기법(smoothing technique)이다.

생명표는 다음과 같은 데이터로 작성된다.

기본 데이터: x, l_x

파생 데이터: d_x, q_x, p_x, L_x, TL_x, e_x

- x: 개인의 연령, 보통 0세부터 최고령 생존자 연령까지 범위를 갖는다.
- l_x: x세 생존자 수, 0세 생존자 수(l_0)는 보통 100,000 또는 1,000,000 등 임의의 큰 수로 설정한다. 'l_x'는 생존함수(survivor function)라고도 하며, 특정 연령까지 생존할 확률집단의 규모를 나타낸다.

- d_x: x세 이상과 x+1세 미만 구간에서 집계된 사망자 수, 다음 등식으로 정의한다.

(f. I. 3)　　$d_x = l_x - l_{x+1}$

- q_x: x세 생존자 중 1년 이내에 사망할 확률(risk of death), 다음과 같이 정의한다.

(f. I. 4)　　$q_x = d_x / l_x$

- p_x: x세 생존자 중 1년 동안 생존할 확률, 다음 등식으로 정의한다.

(f. I. 5)　　$p_x = l_{x+1} / l_x$　　　　또는　　　$p_x = 1 - q_x$

- L_x: x세 이상 x+1세 미만의 구간에서 해당 코호트가 생존한 총 인년(person-years), l_{x+1}명은 각각 "1인년"으로, d_x명은 "0.5인년"으로 계산되며, 이는 사망이 연중 중간에 발생한다고 가정한 것이다. 이러한 관계는 다음 등식으로 표현된다.

(f. I. 6)　　$L_x = l_{x+1} + 0.5d_x$

- e_x: 기대여명(life expectancy), x세 시점에서 평균적으로 몇 년 더 생존할 것으로 기대하는지를 나타낸다.

등식 (f.I.6)은 개인이 정확히 한 해의 중간에 사망한다는 가정에 기반한다. 이 가정은 생명표의 시작 부분인 출생 시(at birth)와 종료 부분인 최고령 생존자(oldest survivors) 구간에서는 정확하지 않을 수 있다. 그러나 연금계산에서는 이러한 근사치를 일반적으로 허용한다. 그 이유는 생명표의 시작 부분은 연금 문제에서 중요성이 낮고, 종료 부분은 "종료기법[2](closing techniques)"을 통해 보정이 가능하기 때문이다.

종료기법 중 하나인 '강제종료(forced close)'는 최종 연령 'w세'에서 사망률을 1로 가정해 생명표를 강제로 종료하는 방식이다. 예를 들어 'w = 105'라면, 105세 사망률을 100%로 가정하여 생명표를 종료한다. 이 방식은 연금 문제에서 중요도가 크지 않다.

- TL_x: x세 시점에서 시작하여 해당 코호트 전원이 사망할 때까지 누적된 총인년(person-years)을 나타낸다:

$$(f.I.7) \qquad TL_x = \sum_{j=0}^{w-x} L_{x+j}$$

기대여명은 x세 시점에서 평균적으로 몇 년을 더 생존할 것으로 기대되는지를 나타내는 지표이며, 다음과 같이 표현된다.

$$(f.I.8) \qquad e_x = TL_x \,/\, l_x$$

---

2) lx = 0이 되는 지점까지 외삽(extrapolation)하거나, Makeham 모델 등을 사용한다.

참고:

또한, 사망 시점에 대한 가정을 달리하여 계리학에서 정의하는 기대수명도 계산할 수 있다. 이 기대수명은 다음 등식으로 계산된다. 여기서 는 현재 나이 에서 최종 연령 까지의 년 수이며, 는 를 기준으로 년 후 시점을 나타낸다. 이 방식은 사망이 해 중간에 일어난다는 가정과 달리, 매년 말 또는 특정 시점에서 사망이 발생한다고 가정하여 기대수명을 산출한다.

$$(\text{f. I. 9}) \qquad e_x = \sum_{k=1}^{w-x} {}_k p_x$$

여기서 ${}_k p_x$는 x세 생존자가 그로부터 k년 동안 연속해서 생존할 조건부 확률(conditional survival probabilities, p_x로 표기)을 의미한다. 즉, ${}_k p_x$는 x세 생존자가 x+1, x+2, …, x+k세에 도달하기 전까지 매년 생존할 확률의 누적곱(cumulative product)이다.

예를 들어, 5년 생존확률은 첫 해부터 다섯 번째 해까지 각각의 생존확률을 모두 곱하여 계산된다:

$$(\text{f. I. 10}) \qquad {}_k p_x = \prod_{j=0}^{k-1} p_{x+j}$$

생명표는 앞서 언급된 계리값(x, l_x, d_x, q_x, L_x, TL_x, e_x) 중 하나 이상의 연속된 값들로 구성된다.

일반적으로 생명표는 정수연령(integer age; 예: 0세, 1세, 2세 등)을 기준으로 작성된다. 그러나 실무에서는 정수가 아닌 연령(non-integer ages; 예: 45.6세 등)에 대한 계리값이 필요한 경우가 많으며, 이때는 보간법[3](interpolation)을 사용해 값을 산출한다.

생명표에 활용되는 원시데이터는 해당 생명표가 적용될 모집단 또는 코호트에 의해 결정된다. 계리 실무에서는 다음과 같이 생명표를 구분할 수 있다.

- 국민생명표(population table): 특정 지역 또는 국가의 전체 인구를 대상으로 작성된 생명표
- 성별생명표(gender table): 특정 모집단을 성별에 따라 구분하여 작성한 생명표
- 경험생명표(experience table): 특정 연금기관이나 보험기관의 피보험자 집단을 대상으로 작성한 생명표로, 통계적 목적으로 주로 사용되며 법적으로 활용이 제한되기도 한다.
- 법적생명표(legal table): 생명보험에서 특정 사건 또는 사고에 적용하기 위해 법적으로 부과된 생명표

사망률 원시데이터를 보정하는 평활화기법은 크게 모수적(parametric) 방법과 비모수적(non-parametric) 방법으로 나눌 수 있다. 모수(parameter)란 집단의 특성을 나타내는 변수로, 보통 평균이나 분산과 같은 기본적인 통계 값을 의미한다.

---

3) 값이 알려진 두 점을 선으로 연결하여 사이의 값을 추정하는 방식이다.

- 모수적 방법: 모집단이 특정 확률분포(또는 모델)를 따른다고 가정하고 데이터를 보정하는 방식으로, 대표적으로 Gompertz-Makeham 모델과 Weibull 모델이 있다.
- 비모수적 방법: 모집단에 대한 충분한 정보가 없거나 특정 확률분포를 가정하기 어려운 경우, 별도의 분포 가정을 하지 않고 적용하는 방식이다.

계리학에서는 다양한 평활화 기법이 개발되고 논의되어 왔다. 자세한 정보는 '참고문헌 및 자료 출처'를 참조하라.

I.4. 사망률 활용 시 주의할 점

생명표는 통계적으로 신뢰할 수 있고 실제 경험을 잘 반영해야 한다. 그러나 현대의 의학 지식과 데이터 및 통계기술의 한계 내에서, 생명표만으로 특정 개인의 기대여명을 정확하게 예측하는 것은 사실상 불가능하다. 개인의 사망률이나 기대여명은 연령, 성별, 직업, 생활습관, 거주환경 등 다양한 조건과 환경적 요인을 포함한 수많은 요소의 영향을 받기 때문이다.

또한, 과거에 관측된 사망률이나 생존율 데이터를 활용할 때 가장 큰 장애물은 시간에 따른 데이터의 비일관성이다. 즉, 사망률은 의료기술의 발전, 생활환경 변화, 사회·경제적 요인 등에 의해 시간이 지나면서 변화할 수 있다.

표 I.1을 살펴보자:

표 I.1. 연령(x)과 시간(t)의 함수인 생존함수(l_x)

	t	t+1	t+2	⋯
x	$l_{x,t}$	$l_{x,t+1}$	$l_{x,t+2}$	⋯
x+1	$l_{x+1,t}$	$l_{x+1,t+1}$	$l_{x+1,t+2}$	⋯
x+2	$l_{x+2,t}$	$l_{x+2,t+1}$	$l_{x+2,t+2}$	⋯
⋯	⋯	⋯	⋯	⋯

표 I.1은 특정 코호트 또는 부분 모집단에서 집계된 원시 또는 보정된 생존함수로 구성된 행렬표이다. 이 표에서 세로축은 사망률 또는 생존율이 관찰된 연령(x, x+1, x+2, ⋯)을, 가로축은 사망률 또는 생존율이 관찰된 기간(t, t+1, t+2, ⋯)을 나타낸다.

전통적으로 사망률 분석에서는 특정 시점의 모든 연령대 사망자 수를 집계한 횡단면 데이터(cross-sectional data)를 기반으로 하는 수직적 접근법(vertical approach)을 사용해 왔다. 이 방식으로 작성된 생명표를 '기간생명표(period table)'라 하며, 일반적으로 1년이라는 짧은 기간 데이터를 바탕으로 전 연령대의 사망률을 추정해 작성한다. 그러나 이러한 표를 현재 및 미래의 연금계산에 그대로 활용할 경우, '시간에 따른 사망률 변화가 없다(stationary mortality)'는 비현실적인 가정이 적용된다.

최근에는 생명표 작성 시 특정 코호트(출생집단)나 연령집단이 시간의 흐름에 따라 경험하는 사망자 수 또는 사망확률에 주목하는 '대각접근법(diagonal approach)'이 활용되고 있다. 이 방식은 시간 경과에 따른 사망률 변화를 부분적으로 반영할 수 있다는 장점이 있다. 이렇게 작성된 생명표를 '코호트생명표(cohort table)' 또는 '종단적접근법(longitudinal approach)'이라고 한다. 다만 코호트생명표의 가장 큰 단점은 해당 코호트의 모든 구성원이 사망해야만 완성된다는 점으로, 완성까지 상당한 시간이 소요된다.

지금까지 소개한 생명표는 모두 과거 관측 사망률 자료에 기반한 소급적(retrospective) 생명표이다. 따라서 이를 연금계산에 적용하면 미래 사망률 변화를 충분히 반영하지 못해 체계적 위험(systemic risk)이 발생할 수 있다. 이러한 한계를 극복하기 위해, 최근 계리사들은 사망률의 미래 변화를 확률론적(stochastic way)으로 모형화하는 전망적(prospective) 사망률 모델을 개발하기 시작했다. 이 모델은 통계적 예측기법(statistical forecasting techniques)에 기반하며, 관련 주요 문헌은 '참고문헌 및 자료 출처'에서 확인할 수 있다.

예측모형과 원시데이터 기간을 신중하게 선택하고 적절한 평활화기법을 적용하면, 실현 가능성이 높은 확률분포에 기반하여 다양한 미래 사망률 시나리오를 생성할 수 있다. 이러한 접근법은 사망률의 불확실성을 정량적으로 인식하게 하며, 연금계산에서 발생할 수 있는 리스크를 체계적으로 분석할 수 있는 기반을 제공한다.

I.5. 생명표 예제

이 장의 후반부에서는 연금수리의 기본 계리요소(제1장), 연금재원적립방식(제2장), 수급권 확정의 원리(제3장)를 설명하기 위해, 현재 벨기에 계리 실무에서 사용되는 표준 생명표를 활용한 예제를 제시한다.

벨기에에서 사용되는 생명표에 대한 자세한 내용은 이 장 후반부의 "벨기에 원시사망률 및 생명표"를 참조하라.

I.6. 화폐의 시간가치

제I.7절과 제I.8절은 화폐의 시간가치에 기초한 연금수리의 두 가지 핵심 개념을 소개한다.

연금제도의 재원적립은 다양한 방법으로 이루어질 수 있으며, 이는 제2장에서 자세히 다룬다. 그러나 본질적으로는 부과방식(pay-as-you-go)과 적립방식(capitalisation)으로 구분된다.

부과방식은 세대 간 부의 재분배(redistribution)를 통해 시간의 흐름에 따른 부의 이전(transfer of wealth over time)이 이루어지는 방식이다. 즉, 현재 재직 중인 근로자(가입자)가 납부하는 기여금이 현재의 수급자에게 연금급여로 지급된다. 이 방식에서는 연금의 지급이 현재 재직 중인 근로자의 소득에 기반하며, 이들 역시 퇴직 후 미래 근로자의 기여금으로부터 연금을 받을 것이라는 신뢰에 의존하기 때문에 화폐의 시간가치는 상대적으로 중요하지 않다.

적립방식을 채택하면, 시간의 흐름에 따른 부의 이전을 위해 연이자율 (i)이라는 지표가 필요하다. 이 이자율은 적립된 기금이 투자를 통해 시간이 지남에 따라 더 많은 자산을 창출한다는 가정에 기반하며, 이것이 바로 적립방식(capitalisation) 개념의 출발점이다.

복리(compound interest)는 원금이 발생시킨 이자가 다시 원금에 합산되어 이후 이자를 발생시키는 경우를 의미하며, 다음과 같이 표현할 수 있다:

- 시점 t=0에서의 자산 C가 있다.
- 연이자율 i로 1기간 후 시점 t=1의 자산은 $C + C \times i = C \times (1+i)$와 같다.
- 이자율 i로 2기간 후 시점 t=2의 자산은 $C \times (1+i) \times (1+i) = C \times (1+i)^2$ 와 같다.
- …
- 이를 일반화하면, 이자율 i로 n기간 후 시점 t=n의 자산은 $C \times (1+i)^n$ 와 같다.

만약 계산 기간이 1년이라면, i는 실질연간이자율(real yearly interest rate[4])로, 1년 동안 자본이 실제로 증가하는 비율을 의미한다. 1년 동안 m회의 자본화(복리)가 이루어질 경우, 다음의 등식이 성립한다.

(f. I. 11) $(1 + i) = (1 + i_m/m)^m$

---

4)   인플레이션을 고려하여 구매력의 변화를 나타내는 이자율

여기에서 은 자본화 주기 년마다 적용되는 단순이자율인 명목기간이자율[5](nominal periodic interest rate)을 나타낸다. 또한, 1년 후 지급될 금액이 C일 때 그 현재가치는 C/(1+i)와 같다.

I.7. 연금수리의 첫번째 핵심: 순수생존보험(Pure Endowment)

이제, 피보험자(the insured)가 n년 후 생존해 있는 경우에만 지급되는 1유로에 대해 생각해 보자. 이 계리적 거래의 현재가치는 얼마일까?

그림 I.1에서 제시된 이러한 거래를 순수생존보험(pure endowment)이라고 하며, 그 현재가치는 $_nE_x$로 표기한다. 여기서 $_nE_x$는 x세의 피보험자가 n년 후까지 생존할 확률과 해당 지급액의 현재가치를 곱한 값을 의미한다.

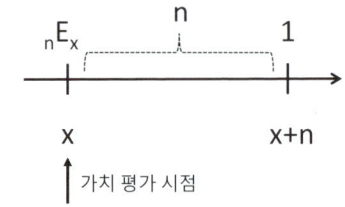

$$_nE_x = \frac{1}{(1+i)^n} * {_np_x} \qquad _np_x = \frac{l_{x+n}}{l_x} \qquad v^n = \frac{1}{(1+i)^n}$$

그림 I.1. 순수생존보험(Pure Endowment)

---

5) 인플레이션을 고려하지 않은 명목상의 이자율

- n: 만기(maturity)를 나타내며, 지급이 이루어질 시점까지의 기간
- x: 피보험자의 현재나이
- $_nE_x$: 현재 x세인 사람이 n년 후까지 생존한 경우에만 지급되는 1유로의 현재가치

이 계리함수의 가치(실질 또는 현재)를 결정하려면 다음 두 가지 핵심 요소를 계산해야 한다.

- 화폐의 시간가치

(f. I. 12) $$v^n = \frac{1}{(1+i)^n}$$

- x세 생존자가 n년 후에도 생존해 있을 조건부 확률

(f. I. 13) $$_np_x = \frac{l_{x+n}}{l_x}$$

따라서 순수생존보험의 현재가치 $_nE_x$는 두 요소의 곱으로 계산된다.

(f. I. 14) $$_nE_x = \frac{1}{(1+i)^n} \times {}_np_x$$

이 가치는, 해당 연금계약을 체결했지만 x세와 x+n세 사이에 사망하여 연금급여를 받지 못한 사람들의 자산이 생존자에게 재분배(redistribution)되는 효과를 반영한다.

예제: 40세의 남성(x=40), 기간 25년(n=25), 할인율 3.25%(i=3.25%), 남성생명표(MR)

(벨기에 생명표 참조)

$$_{25}E_{40} = \frac{1}{(1.0325)^{25}} \times {}_{25}p_{40}$$

$$_{25}E_{40} = \frac{1}{(1.0325)^{25}} \times \frac{l_{65}}{l_{40}}$$

$$_{25}E_{40} = \frac{1}{(1.0325)^{25}} \times \frac{839,161}{965,973}$$

결과: $_{25}E_{40} = 0.390507$

표 I.2는 순수생존보험(pure endowment)의 현재가치 $_nE_x$를 연령별로 정리한 값이다. 이는 15세부터 65세 구간의 피보험자가 만기 연령 60세부터 65세에 도달할 때까지 생존할 경우에만 지급되는 1유로의 현재가치를 나타낸다. 각 값은 "현재 x세인 피보험자가 n년 후, 즉 x+n세까지 생존할 경우"라는 조건부 지급에 대한 현재가치이다.

반대로, 동일한 설정에서 피보험자가 기간 말에 생존해 있을 경우에만 지급되는 1유로 대신, n년 후 지급액을 계산할 수도 있다. 이때 현재가치가 1이 되도록 하는 지급액을 n년 후에 지급하면, 그 금액은 $1/_nE_x$(즉, $_nE_x$의 역수)로 표현된다.

여기서 $1/_nE_x$는 x세 개인이 n년 동안 생존할 것을 조건으로, 그 기간 동안의 할인율과 생존확률을 함께 반영한 조건부미래가치이며, 이는 단순한 금융복리의 미래가치와는 구별된다.

예제: 40세 남성(x = 40), 기간 25년(n = 25), 할인율 3.25%(i = 3.25%),
남성생명표(MR)

결과: $1/_nE_x$ = 2.560774

표 I.2. 순수생존보험의 계리현가계수(MR/3.25%)

x+t\x+n	$_{n-t}E_{x+t}$ 60	$_{n-t}E_{x+t}$ 61	$_{n-t}E_{x+t}$ 62	$_{n-t}E_{x+t}$ 63	$_{n-t}E_{x+t}$ 64	$_{n-t}E_{x+t}$ 65
15	0.212392	0.203811	0.195404	0.187163	0.179078	0.171141
16	0.219442	0.210576	0.201890	0.193375	0.185022	0.176822
17	0.226729	0.217568	0.208594	0.199797	0.191166	0.182694
18	0.234261	0.224796	0.215524	0.206434	0.197517	0.188763
19	0.242047	0.232267	0.222687	0.213295	0.204081	0.195037
20	0.250095	0.239990	0.230091	0.220387	0.210867	0.201522
21	0.258415	0.247974	0.237746	0.227719	0.217882	0.208226
22	0.267017	0.256228	0.245659	0.235299	0.225135	0.215157
23	0.275911	0.264763	0.253842	0.243136	0.232634	0.222323
24	0.285107	0.273588	0.262303	0.251240	0.240388	0.229734
25	0.294618	0.282714	0.271053	0.259621	0.248406	0.237397
26	0.304454	0.292153	0.280102	0.268289	0.256700	0.245323
27	0.314628	0.301916	0.289462	0.277254	0.265278	0.253521
28	0.325152	0.312015	0.299145	0.286529	0.274152	0.262002
29	0.336042	0.322464	0.309163	0.296124	0.283333	0.270776
30	0.347310	0.333277	0.319530	0.306054	0.292833	0.279855

31	0.358971	0.344467	0.330259	0.316330	0.302666	0.289252
32	0.371043	0.356051	0.341365	0.326968	0.312844	0.298979
33	0.383541	0.368044	0.352863	0.337981	0.323382	0.309050
34	0.396483	0.380464	0.364770	0.349386	0.334294	0.319478
35	0.409889	0.393328	0.377104	0.361200	0.345597	0.330281
36	0.423779	0.406657	0.389883	0.373440	0.357308	0.341473
37	0.438174	0.420470	0.403127	0.386125	0.369446	0.353072
38	0.453098	0.434791	0.416857	0.399276	0.382028	0.365097
39	0.468575	0.449642	0.431096	0.412914	0.395078	0.377568
40	0.484631	0.465050	0.445868	0.427064	0.408616	0.390507
41	0.501297	0.481043	0.461201	0.441749	0.422668	0.403935
42	0.518602	0.497648	0.477122	0.456999	0.437258	0.417879
43	0.536580	0.514900	0.493662	0.472841	0.452416	0.432366
44	0.555268	0.532833	0.510855	0.489309	0.468173	0.447424
45	0.574704	0.551484	0.528737	0.506437	0.484561	0.463086
46	0.594934	0.570896	0.547348	0.524263	0.501617	0.479386
47	0.616003	0.591114	0.566732	0.542830	0.519382	0.496363
48	0.637964	0.612188	0.586937	0.562182	0.537898	0.514059
49	0.660874	0.634172	0.608014	0.582371	0.557215	0.532520
50	0.684796	0.657128	0.630023	0.603452	0.577385	0.551796
51	0.709801	0.681123	0.653028	0.625486	0.598468	0.571944
52	0.735966	0.706231	0.677100	0.648543	0.620529	0.593028
53	0.763378	0.732535	0.702320	0.672699	0.643641	0.615116
54	0.792133	0.760128	0.728775	0.698038	0.667886	0.638286
55	0.822340	0.789114	0.756565	0.724657	0.693355	0.662626
56	0.854120	0.819610	0.785804	0.752662	0.720150	0.688234
57	0.887611	0.851748	0.816615	0.782174	0.748387	0.715220
58	0.922966	0.885675	0.849143	0.813330	0.778198	0.743709

59	0.960363	0.921561	0.883549	0.846285	0.809728	0.773842
60	1.000000	0.959596	0.920015	0.881213	0.843148	0.805781
61		1.000000	0.958753	0.918317	0.878649	0.839708
62			1.000000	0.957825	0.916450	0.875834
63				1.000000	0.956804	0.914399
64					1.000000	0.955681
65						1.000000

I.8. 연금수리의 두 번째 핵심: 단일생명연금(Life Annuity)

현재 x세인 개인이 각 지급시점에 생존해 있을 때에만 정기적으로 1유로를 지급받는 조건부현금흐름을 생각해 보자. 피보험자가 사망하면 지급은 즉시 중단된다. 이 조건부 계리적 현금흐름의 현재가치는 얼마일까?

이러한 거래의 현재가치를 종신연금(life annuity)이라 한다. 연금이 각 기간 말에 지급되는 경우를 기말급/정상연금(in arrears - postnumerando)이라 하며 a_x로 표기하고, 각 기간 초에 지급되는 경우를 기시급/이상연금(in advance - prenumerando)이라 하며 $ä_x$로 표기한다.

- x: 피보험자의 현재 연령
- $ä_x$: 현재 x세인 개인이 매년 초에 생존해 있는 경우, 매년 초 1유로씩 지급받는 조건부현금흐름의 현재가치

그림 I.2는 기말급 종신연금과 기시급 종신연금의 현금흐름 구조를 시

각적으로 나타낸 것이다.

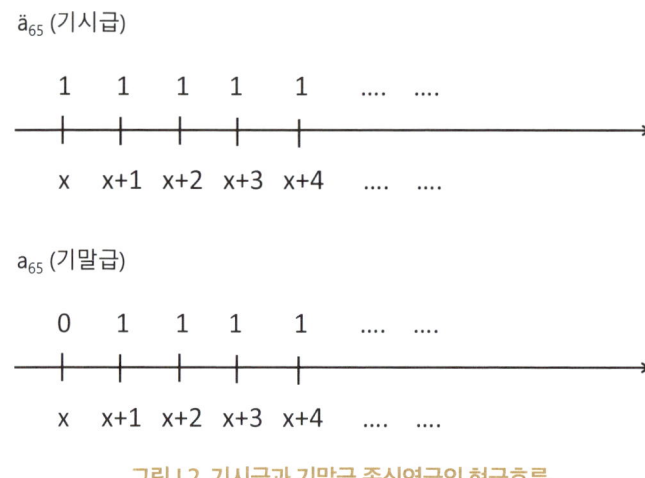

그림 I.2. 기시급과 기말급 종신연금의 현금흐름

(f. I. 15) $\ddot{a}_x = 1 + a_x$

이러한 계산은 화폐의 시간가치와 생존확률을 결합한다는 점에서 순수
생존보험과 동일한 원리에 따라 수행된다.

예제: 65세 남성(x=65), 할인율 3.25%(i=3.25%), 기시급 생명연금, 남성
생명표(MR)

결과: $\ddot{a}_{65}$ = 13.54922

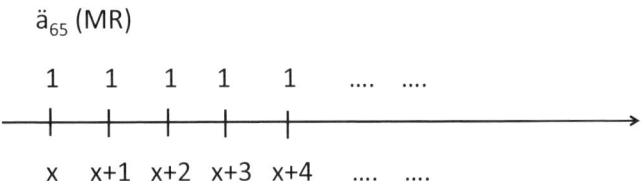

$$= \quad 1 + \frac{1}{(1.0325)^1} \times \frac{l_{x+1}}{l_x} + \frac{1}{(1.0325)^2} \times \frac{l_{x+2}}{l_x} + \frac{1}{(1.0325)^3} \times \frac{l_{x+3}}{l_x} + \dots + \dots$$

$$= \quad 1 + \frac{1}{(1.0325)^1} \times \frac{826{,}964}{839{,}161} + \dots + \dots$$

$$= \quad 13.54922$$

또한 연금(annuity)은 여러 개의 순수생존보험의 합으로 해석할 수 있다. 연금(annuities)은 연금수리에서 핵심적인 역할을 하며, 단위 연금(unit pension)의 자본가치를 계산하는 데 사용되는 계리함수(actuarial functions)로 이해할 수 있다.

연금은 다음과 같이 다양한 방식으로 지급될 수 있다.

- 지급기간: 매년, 반기, 분기, 매월 지급
- 지급조건: 피보험자의 생존기간 동안 지급하는 종신연금(life annuity), 계약 시 정한 기간까지만 지급하되 피보험자 사망 시 중단되는 단일정기생명연금(temporary life annuity)
- 지급시점: 기말급/정상연금(annuity in arrears; postnumerando), 기시급/이상연금(annuity in advance; prenumerando)

- 지급방식: 물가연동(indexed), 정률체증(geometrically), 정액체증 (arithmetically), 비연동 고정형(not indexed)
- 사망 후 지급 여부: 사망 후 배우자 등에게 전환 지급되는 가역형 (reversible), 사망 시 지급이 중단되는 비가역형(non-reversible)
- …

물가연동형 연금은 지급액이 매 지급 주기마다 일정 금액 또는 일정 비율로 증가하는 특징을 가진다.

가역성 연금(reversible annuities) 또는 연생 연금(joint life annuity)은 두 명 이상의 피보험자를 대상으로 하며, 한 피보험자가 사망하더라도 다른 피보험자가 생존해 있는 동안 지급이 계속되는 구조이다(자세한 내용은 I.11절 참조).

I.9. 단일정기생명연금(Temporary Life Annuity)

현재 x세인 개인이 매 지급 시점마다 생존해 있을 경우 정기적으로 지급되는 조건부 현금흐름을 생각해보자. 단, 지급기간은 최대 n년으로 제한되며, 피보험자가 사망하거나 n년이 경과하면 지급이 종료된다.

이러한 조건부 계리적 현금흐름의 현재가치를 정기생명연금(temporary life annuity)이라 한다. 연금이 각 기간 말에 지급되는 경우 $a_{x:n}$(기말급)으로, 각 기간의 시작에 지급되는 경우 $\ddot{a}_{x:n}$(기시급)으로 표기한다.

- x: 피보험자의 현재 연령
- $\ddot{a}_{x:n}$: 현재 x세인 개인이 최대 n년간, 매년 초 생존해 있을 경우, 매년 초 1유로씩 지급받는 현금흐름의 현재가치

그림 I.3은 기시급 정기생명연금의 현금흐름을 보여 준다.

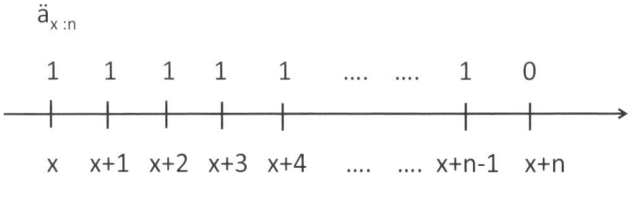

그림 I.3. 기시급 정기생명연금의 현금흐름

(f. I. 16) $\ddot{a}_{x:n} = 1 + a_{x:n} - {}_nE_x$

정기생명연금의 현재가치는, 화폐의 시간가치와 생존확률을 사용하여 순수생존보험과 동일한 방식으로 계산할 수 있다.

예제: 40세 남성(x = 40), 할인율 3.25%(i = 3.25%), 매년 기시급 지급, 기간 25년(n = 25), 남성생명표(MR)

결과: $\ddot{a}_{40:25}$ = 16.874103

$$\ddot{a}_{40\,:\,25}\,(MR)$$

```
      1   1   1   1   1   ....  ....  1    0
   ───┼───┼───┼───┼───┼────────────┼────┼──────────►
      x  x+1 x+2 x+3 x+4  ....  .... x+n-1 x+n
```

$$= 1 + \left(\frac{1}{(1.0325)^1} \times \frac{l_{x+1}}{l_x}\right) + \cdots + \left(\frac{1}{(1.0325)^{n-1}} \times \frac{l_{x+n-1}}{l_x}\right)$$

$$= 1 + \left(\frac{1}{(1.0325)^1} \times \frac{964{,}210}{965{,}973}\right) + \cdots + \left(\frac{1}{(1.0325)^{24}} \times \frac{l_{64}}{l_{40}}\right)$$

$$= 16.874103$$

표 I.3은 현재 연령이 15세와 65세 사이인 가입자가 만기 연령 60세
(x+n=60)에서 65세(x+n=65)까지의 정해진 기간 동안, 매 지급 시점마다 생
존해 있을 경우 1유로씩 지급받는 정기생명연금의 현재가치를 나타낸다.

표 I.3. 정기생명연금의 계리현가계수(MR/3.25%)

x+t ₩ x+n	$\ddot{a}_{x+t,n-t}$ 60	$\ddot{a}_{x+t,n-t}$ 61	$\ddot{a}_{x+t,n-t}$ 62	$\ddot{a}_{x+t,n-t}$ 63	$\ddot{a}_{x+t,n-t}$ 64	$\ddot{a}_{x+t,n-t}$ 65
15	23.757402	23.969794	24.173605	24.369008	24.556171	24.735249
16	23.512829	23.732271	23.942847	24.144737	24.338113	24.523135
17	23.260406	23.487135	23.704703	23.913298	24.113095	24.304261
18	22.999893	23.234154	23.458950	23.674474	23.880908	24.078425
19	22.731044	22.973091	23.205358	23.428044	23.641339	23.845420
20	22.453606	22.703701	22.943691	23.173782	23.394169	23.605036
21	22.167320	22.425735	22.673708	22.911454	23.139173	23.357055
22	21.871918	22.138935	22.395163	22.640822	22.876121	23.101256

23	21.567127	21.843037	22.107800	22.361642	22.604778	22.837412
24	21.252665	21.537772	21.811360	22.073663	22.324903	22.565291
25	20.928243	21.222861	21.505575	21.776628	22.036249	22.284655
26	20.593566	20.898019	21.190172	21.470274	21.738563	21.995262
27	20.248327	20.562955	20.864870	21.154332	21.431586	21.696864
28	19.892213	20.217366	20.529381	20.828526	21.115055	21.389207
29	19.524903	19.860945	20.183409	20.492573	20.788697	21.072030
30	19.146065	19.493375	19.826652	20.146182	20.452236	20.745069
31	18.755358	19.114329	19.458796	19.789055	20.105386	20.408052
32	18.352430	18.723472	19.079523	19.420888	19.747856	20.060700
33	17.936919	18.320459	18.688504	19.041367	19.379348	19.702729
34	17.508451	17.904934	18.285398	18.650168	18.999554	19.333848
35	17.066640	17.476529	17.869857	18.246961	18.608161	18.953758
36	16.611085	17.034863	17.441520	17.831403	18.204842	18.562151
37	16.141371	16.579545	17.000015	17.403142	17.789266	18.158712
38	15.657067	16.110165	16.544955	16.961812	17.361088	17.743116
39	15.157724	15.626299	16.075941	16.507037	16.919951	17.315029
40	14.642873	15.127504	15.592554	16.038423	16.465486	16.874103
41	14.112022	14.613318	15.094361	15.555562	15.997311	16.419979
42	13.564655	14.083256	14.580905	15.058026	15.515025	15.952283
43	13.000227	13.536807	14.051707	14.545369	15.018210	15.470627
44	12.418163	12.973430	13.506263	14.017118	14.506427	14.974600
45	11.817849	12.392554	12.944038	13.472775	13.979212	14.463773
46	11.198632	11.793565	12.364461	12.911810	13.436073	13.937690
47	10.559809	11.175812	11.766926	12.333658	12.876487	13.395869
48	9.900624	10.538588	11.150775	11.737712	12.299894	12.837792
49	9.220258	9.881131	10.515304	11.123318	11.705689	12.262904
50	8.517817	9.202613	9.859742	10.489765	11.093217	11.670602

51	7.792325	8.502127	9.183249	9.836278	10.461764	11.060232
52	7.042707	7.778673	8.484904	9.162004	9.810548	10.431077
53	6.267773	7.031151	7.763686	8.466006	9.138705	9.782346
54	5.466201	6.258334	7.018462	7.747237	8.445275	9.113161
55	4.636512	5.458852	6.247967	7.004532	7.729189	8.422544
56	3.777049	4.631169	5.450779	6.236583	6.989245	7.709395
57	2.885938	3.773549	4.625297	5.441912	6.224086	6.972474
58	1.961060	2.884026	3.769701	4.618845	5.432175	6.210372
59	1.000000	1.960363	2.881924	3.765472	4.611757	5.421485
60		1.000000	1.959596	2.879612	3.760825	4.603973
61			1.000000	1.958753	2.877069	3.755719
62				1.000000	1.957825	2.874275
63					1.000000	1.956804
64						1.000000
65						

I.10. 이원 할인율 구조의 연금

연금은 단위연금(unit pension)의 자본가격(capital price)이므로, 각 단위연금이 서로 다른 할인율 조건에서 평가되는 경우가 있다.

연금의 자본가격은 할인율 수준과 반비례하는 관계에 있기 때문에, 연금사업자는 법적으로 허용되는 범위 내에서 첫 번째 기간(제한된 기간 m)에는 높은 할인율(i_1)을 적용하고, 이후 기간에는 다른 할인율(i_2)을 적용하는 방식으로 연금 구조를 설계할 수 있다.

이와 같은 구조를 갖는 연금의 현재가치는 그림 I.4와 같이 계산된다.

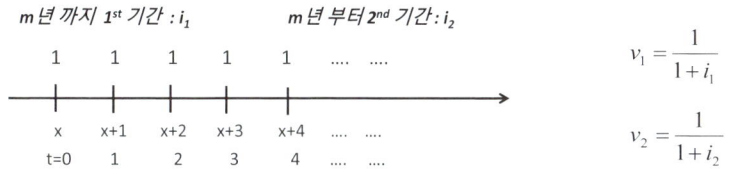

$$v_1 = \frac{1}{1+i_1}$$

$$v_2 = \frac{1}{1+i_2}$$

그림 I.4. 이원 할인율 연금

따라서 초기 m년 동안은 할인율 v_1, 이후 기간에는 할인율 v_2를 적용하여 두 가지 할인율이 반영된 기시급 연금 $\ddot{a}_x$을 계산할 수 있다.

(f.I. 17) $$\sum_{t=0}^{m-1} v_1^t \times {}_tp_x + v_1^m \times \sum_{t=m}^{x-m} v_2^{t-m} \times {}_tp_x$$

I.11. 연생연금과 가역성

현재 각각 x세와 y세인 두 사람이 모두 생존해 있는 상황에서 시작되는 다음과 같은 현금흐름을 생각해 보자.

- 연금지급은 현재 x세인 첫 번째 피보험자를 기준으로 시작하며, 이 사람이 생존해 있는 동안에는 연금 전액이 지급된다.
- 그러나 첫 번째 피보험자가 사망하면, 다음 두 가지 상황 중 하나가 발생한다:
  ○ 두 번째 피보험자가 여전히 생존해 있는 경우, 연금은 계속 지급되지만, 사전에 정해진 비율(REV%)만큼만 지급된다;

○ 두 번째 피보험자가 이미 사망한 경우, 연금지급은 종료된다.

연금계산에서 이러한 형태의 거래를 가역연금(reversible pension)이라고 하며, 사전에 정해진 지급 비율(predetermined percentage; REV%)은 가역성(reversibility)이라고 한다. 일반적으로 REV%은 초기 지급액의 50%, 60%, 75% 또는 80%로 수준으로 설정된다.

가역연금의 현재카치는 종신연금이나 정기생명연금과 동일한 원리를 사용하지만, 현금흐름을 '첫 번째 피보험자 생존 구간'과 '첫 번째 사망 후, 두 번째 생존 구간'으로 구분하여 각각 현재가치를 산출한 뒤 합산하는 방식으로 계산된다.

첫 번째 사람에 대한 기시급 종신연금의 현재가치:

(f. I. 18) $$\ddot{a}_x = \sum_{t=0}^{w_1-x} v^t \times {}_t p_x$$

두 번째 사람에 대한 기시급 종신연금의 현재가치:

(f. I. 19) $$\ddot{a}_y = \sum_{t=0}^{w_2-y} v^t \times {}_t p_y$$

두 사람 모두 생존해 있는 기간의 기시급 종신연금의 현재가치:

(f. I. 20) $$\ddot{a}_{xy} = \sum_{t=0}^{\min(w_1-x;w_2-y)} v^t \times {}_t p_x \times {}_t p_y$$

두 사람의 사망 리스크(risks of dying)는 서로 독립적이라고 가정하지만, 현실에서는 반드시 그렇다고 볼 수는 없다.

이러한 과정을 통해, 가역성 비율(REV%)을 적용한 가역연금(reversible annuity)의 가치는 다음과 같이 계산할 수 있다.

(f.I.21) 가역연금(reversible annuity) $= \ddot{a}_x + \text{REV%} \times (\ddot{a}_y - \ddot{a}_{xy})$

위 등식(f.I.21)에서 첫 항 $\ddot{a}_x$은 첫 번째 피보험자가 생존해 있는 동안 지급되는 연금의 현재가치이며, 둘째 항 $\text{REV%} \times (\ddot{a}_y - \ddot{a}_{xy})$은 첫 번째 피보험자가 사망하고 두 번째 피보험자가 생존해 있는 경우에만 지급되는 감액된 유족연금의 현재가치이다. 둘 다 생존해 있는 동안에는 $(\ddot{a}_y - \ddot{a}_{xy})$의 값은 0이 된다.

I.12. 퇴직 전후의 사망보장

연금수리에서 퇴직 후 사망보장(death cover after service)은 일반적으로 연금보장(pension cover)의 일부로 본다. 따라서 사망보장의 계산은 첫 번째 피보험자를 기준으로 한 가역연금(유족에게 지급되는 부분) 형태로 이루어지며, 그 비용은 별도의 항목으로 분리하지 않고 연금 부분에 포함한다. 이러한 계산 방법은 제2장에서 연금제도와 재원적립 메커니즘을 다룰 때 구체적인 예제와 함께 설명한다.

퇴직 연령 이전의 사망보장은 다음 두 가지 방식이 가장 일반적이다:

- 첫째, 연금보장(pension cover)을 사망률표와 무관하게 보장(insured) 또는 적립(funded)하는 방식이다. 이 경우, 피보험자가 만기 전에 사망하더라도 이미 적립된 연금재원(pension constitution)은 수익자에게 보험배당금(pay-out value)의 형태로 전환되어 지급된다.
- 둘째, 사망보장(death cover)을 연금보장과는 별도로 추가 지급되는 방식이다. 이 경우에는 별도의 연금계리 계산이 필요하다.

후자의 경우(즉, 사망보장을 별도로 제공하고 평가하는 방식)에 대한 계리함수는 피보험자 연령이 x세일 때, 1년간 사망을 보장하는 경우는 $_1A_x$, n년 동안 사망을 보장하는 경우는 $_nA_x$로 표기한다.

이 계리함수의 가치는, 해당 연금 계약에 가입한 초기 생존자 수 l_x명 중 그해에 사망할 것으로 예상되는 d_x명에게 각각 1단위 사망보험금을 지급한다는 가정하에 수지상등의 원칙을 적용하여 계산한다. 즉, 전체 l_x명 중 d_x명에게 동일한 사망보험금 1단위를 지급하며, 그 기대값을 현재가치로 환산한 것이 이 계리함수의 값이다.

모든 사망은 해당 연도의 중간 시점에 발생한다고 가정한다. 여기서 q_x는 사망확률, $v^{\frac{1}{2}}$는 0.5년 할인 계수, 즉 0.5년 후에 지급될 금액의 현재가치를 의미한다.

(f. I. 22) $_1\bar{A}_x = q_x \times v^{\frac{1}{2}}$

이러한 원리를 확장하여, 사망이 매년 정확히 중간 시점에 발생한다고 가정하면, 고전적 계리이론에 따른 n년간 사망보장의 현재가치 함수는 다음과 같이 표현할 수 있다.

(f. I. 23) $\quad _n\bar{A}_x = \sum_{k=0}^{n-1} {}_kp_x \times q_{x+k} \times v^{k+0.5}$

이 식은 각 해의 시작 시점에 피보험자가 생존해 있을 확률을 전제로 하여, 그 해에 사망할 확률을 고려하고, 지급시점이 해의 중간이라는 가정에 따라 할인하여 구성된 것이다.

예제: 40세 남성(x = 40), 남성생명표(MK), 할인율 2%(i = 2%)
결과: $_1A_x$ = 0.003284
해설: $(l_x - l_{x+1})/l_x \times v^{1/2}$ = (942,995 - 939,867)/942,995 $\times$ $(1/1.02)^{1/2}$ = 0.003284

위 계산에 따르면, 40세 남성에게 1년 내 사망 시 10,000의 보험금이 지급하는 사망보장을 제공하기 위해 필요한 순수보험료(pure premium)는 32.84이다.

10,000 × 0.003284 = 32.84

즉, 보험금 지급확률(사망확률)과 시간가치를 반영하면 1년 사망보장 10,000 단위의 순수보험료는 32.84이다.

I.13. 단순화된 계리함수 계산

하나 이상의 생명표와 할인율을 사용하여 연금의 현재가치를 계산할 때는 반복 합산(recurrent summations) 과정이 필요하다. 오늘날의 프로그래밍 도구(예: R, Python 등)를 사용하면 이러한 계산은 자동화가 가능하다.

그러나 엑셀에서 계산할 경우에는 제한된 횟수의 합산(summation)과 간단한 분수 계산(quotient)으로 처리할 수 있는 구조가 더 효율적이다.

이러한 이유로, 계리사들은 기본 계리함수를 간단한 산술 연산만으로 산출할 수 있는 단순화된 보조함수를 개발하여 활용한다. 이 보조함수들을 사용하면, 복잡한 반복 계산 없이도 원하는 계리값을 신속하게 구할 수 있다.

다음의 등식을 살펴보자:

$$(f.\,I.\,24) \qquad D_x = v_x \times l_x = \frac{1}{(1+i)^x} \times l_x$$

- D_x: 미래 시점에 x세까지 생존한 사람의 수(를 현재가치 계수())로 할인한 값으로, 모든 계리함수 계산의 기본 단위가 된다. 이를 할인생존가치라고 한다.

$$(f.\,I.\,25) \qquad N_x = D_x + D_{x+1} + D_{x+2} + \cdots$$

- N_x: x세 시점부터 최종 생존 연령까지의 할인생존가치를 합산한 값으로 사망 시점까지 모든 연령에서의 할인생존가치를 합산한 값이며, 누적생존가치라고 한다.

(f. I. 26) $\quad {}_nE_x \ = \ \dfrac{D_{x+n}}{D_x}$

- ${}_nE_x$: x세에서 시작하여 n년 후 생존할 확률의 현재가치이며, 종신순수보험의 평가에 사용된다.

(f. I. 27) $\quad a_x \ = \ \dfrac{N_{x+1}}{D_x} \qquad \ddot{a}_x \ = \ \dfrac{N_x}{D_x}$

- a_x: 기말급 종신연금의 현재가치
- $\ddot{a}_x$: 기시급 종신연금의 현재가치

(f. I. 28) $\quad a_{x\,:n} \ = \ \dfrac{N_{x+1}-N_{x+n+1}}{D_x} \qquad\qquad \ddot{a}_{x\,:n} \ = \ \dfrac{N_x-N_{x+n}}{D_x}$

- $a_{x:n}$: n년간 지급되는 기말급 단일정기생명연금의 현재가치
- $\ddot{a}_{x:n}$: n년간 지급되는 기시급 단일정기생명연금의 현재가치

전체 생명연금의 가치에서 n년 이후의 가치를 제외한 값으로, 일정 기간에만 지급되는 연금을 평가할 때 사용한다.

1. 원시사망률 데이터

"Statistics Belgium – StatBel"은 벨기에 및 유럽연합(EU)에 필요한 모든 공식 통계를 생산·공표하는 정부기관이다. 인구·경제·사회 분야 전반의 통계를 제공하며, 사망통계를 포함한 기본 인구통계 자료를 정기적으로 발표한다. 벨기에 인구에 대한 사망률 원시자료는 StatBel 공식 웹사이트(https://statbel.fgov.be/)에서 열람할 수 있다.

표 I.4는 2016년 벨기에 남성인구에 대한 원시자료 중 일부를 발췌한 것으로, 각 연령 x세별로 평균 인구수(mean population level), 관측된 사망자 수(observed deaths), 원시사망률계수(raw mortality coefficient, RM_x)가 포함되어 있다.

표 I.4. 2016년 벨기에 남성 원시사망률

연령	평균 인구수	사망자 수	원시사망률 계수	연령	평균 인구수	사망자 수	원시사망률 계수
0	62,438	244	0.003908	55	79,238	406	0.005124
1	63,433	9	0.000142	56	78,609	451	0.005737
2	65,233	9	0.000138	57	77,378	532	0.006875
3	65,204	3	0.000046	58	74,850	543	0.007255
4	67,058	10	0.000149	59	72,685	587	0.008076

5	68,235	6	0.000088	60	70,796	671	0.009478
6	67,974	9	0.000132	61	69,051	706	0.010224
7	67,949	9	0.000132	62	66,879	747	0.011169
8	67,896	11	0.000162	63	64,974	744	0.011451
9	66,455	6	0.000090	64	63,073	816	0.012937
10	65,455	6	0.000092	65	60,550	861	0.014220
11	65,134	5	0.000077	66	59,863	943	0.015753
12	63,088	4	0.000063	67	59,687	969	0.016235
13	62,138	7	0.000113	68	57,592	1,095	0.019013
14	62,069	7	0.000113	69	57,291	1,108	0.019340
15	63,592	8	0.000126	70	52,029	1,064	0.020450
16	63,725	9	0.000141	71	45,673	1,053	0.023055
17	63,729	12	0.000188	72	44,575	1,170	0.026248
18	64,257	28	0.000436	73	39,432	1,106	0.028048
19	65,853	41	0.000623	74	34,252	1,028	0.030013
20	65,538	31	0.000473	75	32,307	1,113	0.034451
21	66,171	38	0.000574	76	35,528	1,385	0.038983
22	68,164	43	0.000631	77	36,138	1,486	0.041120
23	70,454	50	0.000710	78	34,059	1,547	0.045421
24	73,360	36	0.000491	79	31,292	1,584	0.050620
25	73,527	54	0.000734	80	28,874	1,646	0.057006
26	73,415	40	0.000545	81	27,344	1,721	0.062939
27	72,730	46	0.000632	82	25,702	1,878	0.073068
28	72,626	62	0.000854	83	23,533	1,910	0.081163
29	72,276	43	0.000595	84	22,199	1,999	0.090049
30	71,518	61	0.000853	85	19,546	1,997	0.102169
31	71,158	58	0.000815	86	16,614	1,972	0.118695
32	72,159	63	0.000873	87	13,489	1,818	0.134776

33	72,785	64	0.000879	88	11,373	1,695	0.149037
34	74,854	64	0.000855	89	9,087	1,555	0.171124
35	75,314	71	0.000943	90	7,439	1,378	0.185240
36	75,431	73	0.000968	91	6,014	1,264	0.210176
37	74,168	89	0.001200	92	4,358	1,057	0.242542
38	73,977	72	0.000973	93	3,407	897	0.263281
39	72,939	92	0.001261	94	2,322	703	0.302756
40	71,829	92	0.001281	95	1,649	497	0.301395
41	73,079	96	0.001314	96	1,052	341	0.324144
42	74,187	113	0.001523	97	433	172	0.397229
43	77,096	135	0.001751	98	204	99	0.485294
44	78,508	189	0.002407	99	142	65	0.457746
45	80,463	157	0.001951	100	110	48	0.436364
46	79,749	186	0.002332	101	78	33	0.423077
47	78,862	179	0.002270	102	44	20	0.454545
48	79,676	189	0.002372	103	21	15	0.714286
49	80,376	239	0.002974	104	9	9	0.989011
50	82,383	273	0.003314	105	5	5	0.980392
51	83,885	289	0.003445				
52	84,227	336	0.003989				
53	82,305	340	0.004131				
54	80,452	381	0.004736				

표 I.4에 제시된 원시사망률계수(RM_x)를 그림 I.5에서는 십진법으로, 그림 I.6에서는 로그법으로 시각화하였다. 시각화된 계수 함수 곡선은 전반적으로 불규칙한 형태를 보이나, 20세부터는 점진적으로 증가하는 경향이 나타낸다. 이러한 패턴은 연금수리에서 사망률 함수의 일반적인 특성

을 잘 보여 주는 중요한 정보이다. 반면, 곡선의 시작 구간(유소년기)과 끝 구간(초고령기)에서는 다른 연령 구간에 비해 상당히 불규칙한 패턴이 관찰된다(I.3절 참조).

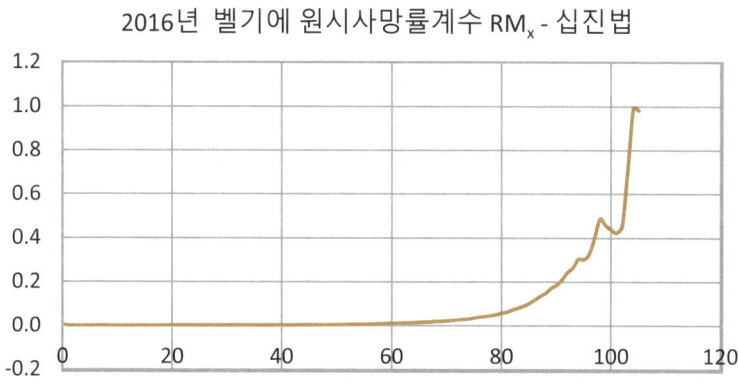

그림 I.5. 2016년 벨기에 원시사망률계수 - 십진법

그림 I.6. 2016년 벨기에 원시사망률계수 - 로그법

2. 생명표

벨기에 연금제도에 적용되는 생명표는 법령에 의해 명시되어 있다. 이는 '생명보험 업무에 관한 왕령(The Royal Decree on Life Insurance activity[6], 이후 RDLife)'에 따라 규정되며, 이 왕령은 '보험감독법(Insurance Supervision Act[7], 이후 ISA)'을 실행하기 위한 하위 법령이다. 자세한 내용은 제2장 '벨기에 단체보험의 비용구조'를 참조하라.

벨기에의 연금계산에는 모수접근법(parametric approach)이 적용된다. 이 접근법은 사망보장(death cover)과 밀접하게 연관된 활동과 그렇지 않은 활동을 구분하여, 각 활동의 특성에 맞는 사망률 가정을 설정한다.

또한, 성별에 따른 차별 논란을 방지하기 위해, 연금계산에서 성별 차이(gender dependency)를 어떻게 반영할지 신중히 고려해야 한다. 현재 벨기에에서는 성별에 따른 차이를 반영하는 것이 이주연금(2nd pillar pension) 중 근로자 대상 연금과 법인 자영업자(임원)를 위한 집단계약에 한해 허용되고 있다.

그러나 그 외의 모든 계약(예: 일반 자영업자, 자영업자인 임원의 개별 계약 등)에 대해서는, 2012년 12월 20일 이후 체결된 신규 계약부터 통합 생명표(unisex table) 사용이 의무화되었다.

이 책에서 다루는 연금수리 이론을 적용할 때, 생명표의 종류는 계산 결

---

[6] 2003년 11월 14일자 제정, 현재 개정 중
[7] 2016년 3월 16일 제정

과에 큰 영향을 미치지 않는다. 계리기법과 계산 방식은 생명표의 유형에 관계없이 동일하게 적용될 수 있다. 다만, 이를 실제 업무에 적용할 때는, 해당 사례의 특성과 계약 조건에 가장 적합한 생명표를 선택하도록 계리사가 충분한 주의를 기울여야 한다.

벨기에 법령에서는 생명표를 보험상품의 유형과 성별 구분이라는 두 가지 기준에 따라 분류한다. 이러한 이중 기준(double criteria)에 따라 총 6종의 생명표가 정의되며, 이에 대한 세부 내용은 표 I.5에 제시되어 있다.

표 I.5. 벨기에 법령상 생명표 명칭 체계

벨기에 법령상 생명표 분류		성별 구분		
		남성	여성	통합
보장 유형	사망보장과 연관된 유형	MK	FK	XK
	사망보장과 약하게 연관된 유형	MR	FR	XR

각 생명표는 결정론적[8](deterministic) 방식으로 작성되며, Makeham 식의 모수적(parametric) 접근법을 따라 생존함수 l_x를 도출한다. 계리학에서 널리 사용되는 Makeham식에 따르면, 순간사망강도(instantaneous force of mortality)는 두 가지 요소의 합으로 가정된다.

① 연령과 무관한 요소: 우연한 사고와 같이 연령에 관계없이 발생하는 사망 위험으로, 전체 인구에 대해 일정한 값을 갖는다.
② 연령 의존적 요소: 연령이 증가함에 따라 기하급수적으로 증가하는

---

8) 확률적(stochastic)의 반대 개념으로, 생명표 작성 시 고정된 계수를 적용하는 방법을 의미함

사망 위험 요소이다.

이러한 가정하에, Makeham 모형에 따라 계산되는 생존함수(survival function)는 다음과 같이 표현된다:

(f. I. 29) $\quad l_x = k \times s^x \times g^{c^x}$

여기서, k, s, g, c는 상수(constants)로, Makeham식 생존함수의 모수 역할을 한다.

벨기에 RDLife(2023년 11월 14일자 왕령)의 제24조 및 부속서 II에서는, 이러한 상수들의 값을 법령상 표준생명표 작성 시 필수적으로 사용하는 기준치로 명시하고 있으며, 해당 값은 표 I.6에 제시되어 있다.

표 I.6. 벨기에 법령상 생명표에 사용되는 상수값

	k	s	g	c
MR 남성 생명	1,000,266.63	0.999441703848	0.999733441115	1.101077536030
MK 남성 사망	1,000,450.59	0.999106875782	0.999549614043	1.103798111448
FR 여성 생명	1,000,048.56	0.999669730966	0.999951440172	1.116792453830
FK 여성 사망	1,000,097.39	0.999257048061	0.999902624311	1.118239062025

통합 생명표인 XR 및 XK의 생존함수(l_x)는, 해당 연령 x에서의 남성 및 여성 생명표 값의 산술평균으로 계산된다. 이는 다음과 같이 표현된다:

$$(f.I.30) \qquad l^x = \left(\frac{l'_x + l''_x}{2} \right)$$

여기서

- l'_x는 MR 또는 MK 생명표(남성 기준)에 해당하는 l_x 값이며, 표 I.6에 제시된 상수를 사용하여 계산한다.
- l'_x는 FR 또는 FK 생명표(여성 기준)에 해당하는 l_x 값이며, 마찬가지로 표 I.6에 제시된 상수를 사용하여 계산한다.

이 책에서는 주로 FR 생명표의 생존함수를 사용하며, MR 및 MK 생명표 역시 비교의 목적으로 함께 활용한다.

표 I.7은 이러한 각 생명표의 l_x 값을 제시하고 있다.

표 I.7. 생존함수 l_x - 남성(MR), 여성(FR), 남성(MK), 여성(FK)

	MR	FR	MK	FK			MR	FR	MK	FK
0	1,000,000	1,000,000	1,000,000	1,000,000	55	919,763	961,516	859,297	917,350
1	999,414	999,664	999,060	999,245	56	914,320	958,830	849,404	911,751
2	998,827	999,327	998,116	998,490	57	908,416	955,876	838,695	905,611
3	998,236	998,990	997,168	997,734	58	902,010	952,625	827,107	898,873
4	997,643	998,652	996,214	996,976	59	895,060	949,043	814,578	891,475
5	997,047	998,314	995,256	996,218	60	887,519	945,096	801,043	883,353
6	996,447	997,974	994,290	995,457	61	879,339	940,743	786,437	874,435
7	995,843	997,633	993,318	994,695	62	870,468	935,942	770,695	864,644
8	995,234	997,292	992,339	993,931	63	860,853	930,644	753,755	853,901
9	994,620	996,949	991,350	993,165	64	850,436	924,800	735,557	842,120
10	994,001	996,604	990,352	992,396	65	839,160	918,351	716,046	829,211
11	993,376	996,258	989,343	991,624	66	826,964	911,237	695,174	815,082
12	992,745	995,910	988,323	990,848	67	813,786	903,393	672,904	799,637

13	992,105	995,560	987,289	990,068	68	799,563	894,747	649,211	782,781
14	991,458	995,207	986,241	989,284	69	784,235	885,223	624,083	764,420
15	990,802	994,852	985,176	988,495	70	767,740	874,740	597,530	744,463
16	990,135	994,494	984,094	987,699	71	750,022	863,212	569,584	722,826
17	989,458	994,132	982,992	986,898	72	731,026	850,551	540,302	699,436
18	988,769	993,767	981,868	986,089	73	710,707	836,663	509,772	674,235
19	988,066	993,398	980,720	985,271	74	689,025	821,452	478,117	647,185
20	987,349	993,024	979,545	984,444	75	665,954	804,822	445,495	618,274
21	986,615	992,644	978,340	983,607	76	641,479	786,678	412,103	587,523
22	985,864	992,259	977,103	982,758	77	615,605	766,927	378,179	554,993
23	985,092	991,868	975,829	981,896	78	588,354	745,485	343,998	520,791
24	984,299	991,469	974,516	981,019	79	559,773	722,273	309,874	485,077
25	983,483	991,062	973,159	980,125	80	529,937	697,231	276,150	448,073
26	982,640	990,646	971,753	979,212	81	498,950	670,315	243,193	410,062
27	981,767	990,219	970,293	978,279	82	466,948	641,506	211,382	371,396
28	980,863	989,781	968,775	977,322	83	434,105	610,817	181,095	332,489
29	979,924	989,331	967,191	976,339	84	400,631	578,298	152,691	293,814
30	978,947	988,866	965,535	975,327	85	366,772	544,044	126,494	255,891
31	977,927	988,385	963,800	974,281	86	332,809	508,202	102,773	219,271
32	976,860	987,887	961,978	973,199	87	299,057	470,976	81,728	184,507
33	975,741	987,368	960,060	972,076	88	265,854	432,633	63,470	152,132
34	974,566	986,828	958,036	970,907	89	233,556	393,504	48,019	122,619
35	973,329	986,263	955,896	969,687	90	202,524	353,988	35,296	96,351
36	972,024	985,670	953,627	968,409	91	173,113	314,539	25,130	73,590
37	970,643	985,047	951,218	967,067	92	145,652	275,668	17,274	54,447
38	969,180	984,389	948,653	965,654	93	120,434	237,916	11,422	38,878
39	967,626	983,692	945,918	964,160	94	97,692	201,839	7,235	26,679
40	965,973	982,953	942,995	962,577	95	77,590	167,983	4,372	17,512
41	964,210	982,166	939,867	960,895	96	60,209	136,845	2,507	10,938
42	962,326	981,326	936,513	959,102	97	45,542	108,845	1,357	6,462
43	960,311	980,426	932,912	957,184	98	33,491	84,293	689	3,588
44	958,152	979,460	929,039	955,128	99	23,877	63,362	326	1,858
45	955,833	978,421	924,868	952,918	100	16,451	46,068	143	890
46	953,341	977,298	920,371	950,537	101	10,917	32,272	57	391
47	950,658	976,084	915,518	947,964	102	6,950	21,688	21	156
48	947,765	974,767	910,276	945,178	103	4,228	13,914	6	55
49	944,644	973,336	904,608	942,156	104	2,446	8,476	2	17

50	941,273	971,778	898,475	938,870	105	1,339	4,873	0	4
51	937,627	970,079	891,838	935,291	106	689	2,626	0	1
52	933,682	968,222	884,650	931,387	107	332	1,317	0	0
53	929,410	966,189	876,865	927,122	108	148	609	0	0
54	924,781	963,961	868,432	922,458	109	61	257	0	0
					110	23	98	0	0
					111	7	33	0	0
					112	2	10	0	0
					113	0	2	0	0
					114	0	0	0	0

그림 I.7은 전체(XR), 남성(MR), 여성(FR)의 생존함수 l_x를 십진법으로 비교한 그래프이다.

MR-FR-XR 생존함수 l_x

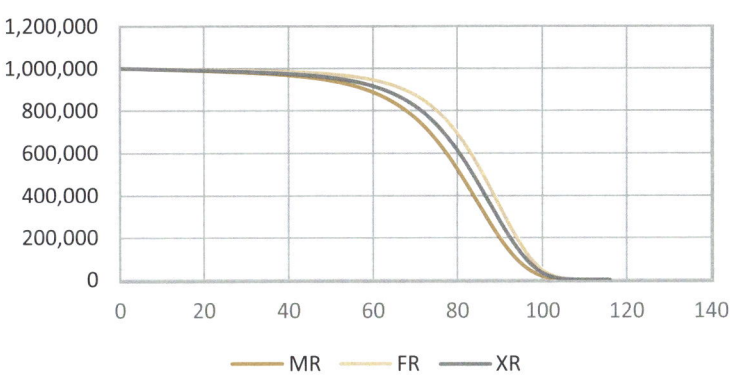

그림 I.7. 생존함수 l_x(MR-FR-XR) - 십진법

마지막으로, 그림 I.8은 로그법을 적용하여, 남성(MR), 여성(FR), 통합(XR)의 사망확률(q_x)과 원시사망률계수(RM_x)를 비교하여 시각화한 그래프이다.

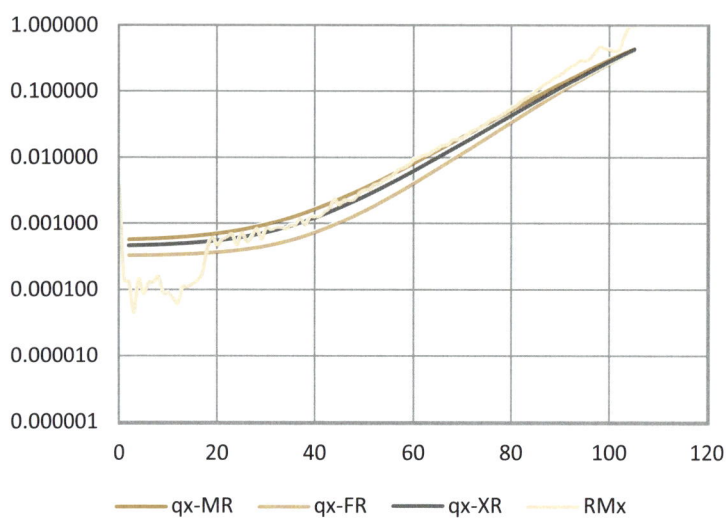

그림 I.8. 2016년 원시사망률계수 vs. 사망확률 - 로그법

연금의 할인, 재원적립, 책임준비금 설정

벨기에 단체보험의 비용구조

연금의 할인, 재원적립, 책임준비금 설정

II.1. 연금의 재정의

    연금제도에는 다양한 형태가 존재하지만, 모든 제도에는 공통적인 특징이 있다. 연금재원을 적립하는 기간과 연금 혜택을 받는 기간이 명확히 구분된다는 점이다. 퇴직 후 지급될 연금에 대비하여 마련되는 책임준비금은 개인별(individually), 또는 집합적으로(collectively) 적립될 수 있고, 경우에 따라 아예 적립하지 않을 수도 있다.

    따라서 모든 연금제도는 다음 두 가지 극단적인 형태 사이 어딘가에 위치하게 된다.

① 선일시금적립방식(initial funding): 연금 지급에 필요한 전액을 제도 초기에 한 번에 적립하는 방식이다. 가입 시점에 추정되는 연금보험료를 전액 납부해야 하므로 초기 재정 부담이 크고, 계리적 추정 오류가 발생할 위험이 있으며, 납부한 보험료의 비용처리가 과세규정과 충돌할 수 있다는 단점이 있다.

② 후일시금적립방식, 또는 부과방식(pay as you go): 연금 지급이 시작되는 시점에 필요한 재원을 충당하는 방식이다. 주로 국가가 운영하

는 공적연금(일주연금, 1st pillar)에서 활용된다. 그러나 직업과 연관된 이주연금(2nd pillar)에 적용할 경우, 수급권의 확정(제3장을 참조) 등과 같은 사회적 권리 관점에서 노동법이나 사회보장법과 충돌할 수 있다.

그림 II.1은 전형적인 적립식 연금제도(funded pension system)의 적립단계(constitution phase)와 지급단계(benefit phase)를 도식적으로 나타낸 것이다. 이 그림에서 "C"는 정기적으로 지급되는 연금 R의 자본가치[9]를 의미하며, "P"는 해당 자본가치 C를 마련하기 위해 가입자가 납입하는 기여금 또는 보험료를 의미한다.

연금수리 관점에서 보면, 적립단계에서는 다음 두 가지 기본 공식을 도입할 수 있다:

• 적립 단계에서:

(f.II.1)   C = 함수(기초 요소) → P를 계산
(f.II.2)   P = 함수(기초 요소) → C를 계산

---

[9]   즉, 미래에 연금 R을 지급하기 위해 필요한 연금자산 현재가치

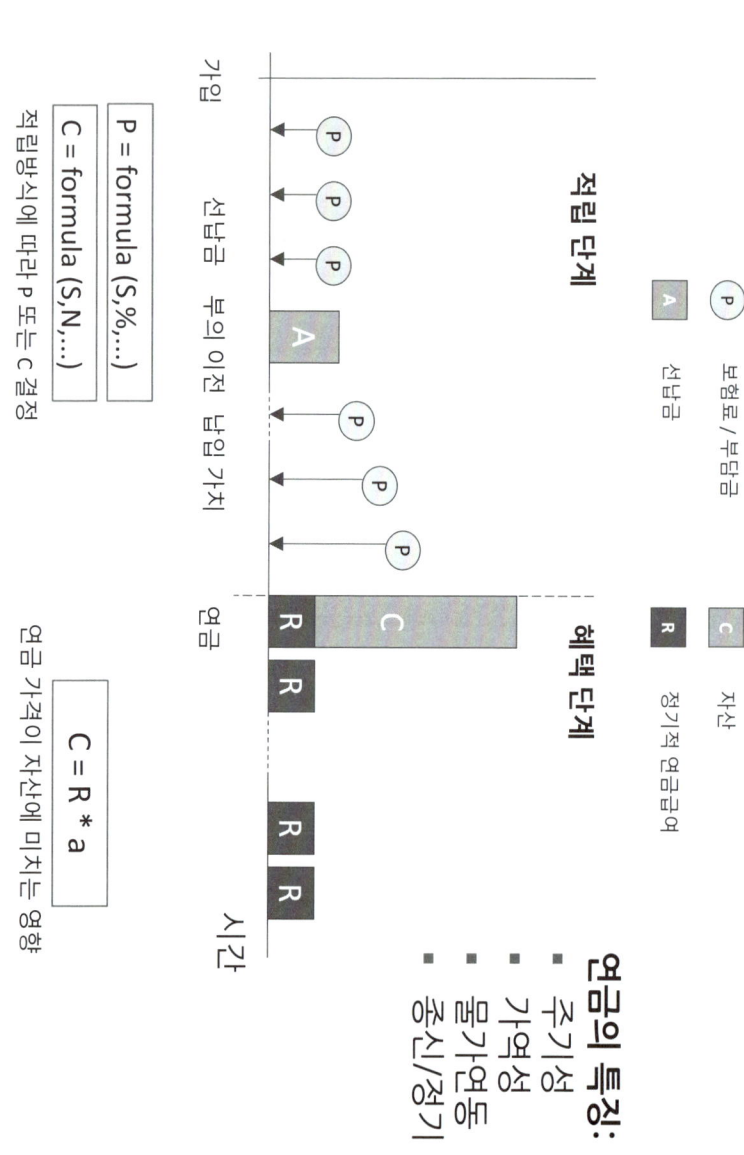

가입

선납금 부의 이전 납입 가치

적립 단계

P 보험료/부담금 선납금

A

C 자산

R 정기적 연금급여

혜택 단계

요금의 특징:
- 초기성
- 가역성
- 불가역성
- 종신/정기

$P = formula\ (S,\%,...)$
$C = formula\ (S,N,...)$
적립방식에 따라 P 또는 C 결정

$C = R * a$
연금 가격이 자산에 미치는 영향

요금

시간

그림 II.1. 연금의 적립과 지급

여기서 연금 급여 수준 C가 사전에 정의되어 있고, 이를 충당하기 위해 필요한 보험료나 기여금 P를 역산하는 방식은 확정급여형(Defined Benefit, DB) 제도라고 한다. 반대로, 보험료나 기여금 P가 먼저 확정되고, 그에 따라 연금 급여 수준 C가 결정되는 방식은 확정기여형(Defined Contribution, DC) 제도라고 한다.

이 장의 후반부에서 보험 기반 연금제도(insure-based pension plans)의 경우, 기여금과 연금급여 사이의 연계 구조가 연금사업자(insurance undertakings[10])의 요율구조(tariff structure) 속에서 어떻게 구현되는지를 살펴볼 것이다.

때로는 보험료 또는 기여금 기반 구조에 사전에 설정된 수익률을 결합하여, 적립단계가 종료되는 시점에 이 수익률을 기여금에 적용하는 하이브리드 연금제도(hybrid scheme)가 정의되기도 한다. 이러한 제도는 일반적으로 현금잔고형(Cash Balance) 제도라고 불린다.

현금잔고형에서는 연금사업자가 제공하는 보장수익률(guaranteed rate of return)이 고정수익률(fixed rate of return) 또는 지수연동수익률(index-linked investment return)로 설정될 수 있다. 이러한 구조는 연금급여가 기여금과 사전에 정의된 수익률의 조합으로 결정되므로, 제도 유형상 하이브리드 형태에 속한다.

연금급여(C)나 보험료/기여금(P)의 산정에는 임금, 근속기간, 상한

---

10) Insurance undertakings은 보험상품을 설계하고 판매하며, 보험계약을 관리하고 보험금을 지급하는 보험사를 지칭하지만, 이 책에서는 보험사의 상품 중 연금을 다루는 것에 초점이 맞추어져 있으므로 연금사업자로 번역하였음

(ceilings), 그리고 법률·계약에서 정한 각종 상수(constants) 및 비율(rates)이 포함될 수 있다. 이러한 요소들은 연금 계약서(pension plan contract)에 명시되며, 구체적인 사례는 이 장의 후반부에서 제시된다.

• 연금급여 지급단계에서

(f. II. 3) $C = R \times a$

여기서 a(또는 ä)는 제1장에서 설명한 다양한 형태의 종신연금(long life annuity)의 현재가치 계수를 의미한다. 연금(R)은 다음과 같이 표현될 수 있다.

(f. II. 4) $R = $ 함수(요소들)

이때 '요소들'이란 임금, 근속기간, 상한선, 상수 및 비율 등을 포함하며, 이는 적립단계에서 사용한 요소들과 동일할 수 있다.

R, 즉 연금은 각 가입자의 임금(소득)과 직접 연동하여 산정할 수도 있고, 일주연금(1st pillar pension)의 급여 수준과 직접적으로 연계하여 조정될 수도 있다. 반대로 이러한 연계 없이 독립적으로 산정될 수도 있다. 이러한 특성 때문에 이주연금에서 지급되는 연금은 일반적으로 "보충연금(complementary pension)"이라고 불린다.

II.2. 재원적립의 삼각관계 관점

연금은 다양한 제도에서, 연금약정에 따라 연금급여와 기여금 간의 수지상등의 원칙(actuarial equivalence), 즉 균형 관계를 달성하는 방식으로 정의된다. 이 연금약정(pension commitment)은 재원을 적립하는 주체이자, 퇴직 후 연금을 지급받는 대상 집단과 긴밀히 연결되어 있다.

이 수지상등의 원칙이 집단 단위에서 성립하여, 기여금의 현재가치와 연금급여의 현재가치가 동일하게 설정될 경우, 해당 제도는 "계리적으로 공정하다(actuarially fair)"고 평가된다.

개별적립방식(individual capitalisation)이란 기여금과 연금급여 간의 수지상등의 원칙이 각 개인 단위에서 성립하는 구조를 의미한다. 이 방식에서는 개인이 자신의 연금을 직접 적립하므로, 세대 간 연대성(intergenerational solidarity)은 존재하지 않거나 매우 제한적이다.

부과방식(pay-as-you-go, PAYG) 연금제도는 현재 재직 중인 세대가 납입한 기여금을, 현재 퇴직세대의 연금급여 재원으로 직접 사용하는 구조이다. 이 방식은 연금의 수입과 지출 간 재정균형(financial equilibrium)을 유지하는 데 초점을 두며, 현재 노동시장에 참여하는 세대가 퇴직하면, 미래 세대가 동일한 방식으로 지원할 것이라는 사회적 계약(social contract)과 세대 간 연대성에 기반해 유지된다.

통합적립방식(aggregate funding, 또는 collective capitalisation)은 개인이 아닌, 사전에 정의된(또는 개방된) 집단 전체를 단위로 하여 수지상등의 원칙이 성립하는 구조를 의미한다. 이 방식에서는 집단 구성원의 기여금과 연금급여가 통합된 재원 풀(pool)에서 운용·지급되며, 위험이 집단 내에서 분산된다.

적립방식은 연대성의 형태와 재원적립 수준에 따라 다양한 변형 형태로 설계될 수 있으며, 각 구조에 따라 가입자, 고용주, 연금사업자 또는 연금기금이 부담하는 위험의 종류와 수준이 달라진다. 이주연금(2nd pillar)을 다룰 때는 일반적으로 그림 II.2와 같이, 가입자-고용주-연금사업자 간의 삼각관계가 핵심 구조로 제시된다:

연금제도 설계 시 고려해야 할 주요 리스크는 다음과 같다:

- 인플레이션 리스크(inflation risk): 연금 수급 단계에서 연금급여가 물가상승률에 연동되지 않을 경우, 퇴직자의 구매력(buying power)이 하락하고 장기적으로 실질 연금액이 감소하는 위험
- 경제 리스크(economic risk): 재원적립 수준을 결정하는 임금 총액(wage mass)이 정체(stagnation)되거나 감소하는 위험(예: 노동인구 감소로 인한 구조적 위험)
- 금융시장 리스크(financial risk): 시장금리와 투자 수익률이 하락함에 따라, 연금재원이 기대만큼 성장하지 못하는 위험
- 장수 리스크(longevity risk): 가입자의 실제 생존기간이 계리적 기대수명을 초과하여, 예상보다 장기간 연금 지급이 필요한 위험
- 인구통계학적 위험(demographic risk): 저출산 및 고령화로 인한 인구구조 변화가 세대 간 부담 구조를 왜곡시키는 위험

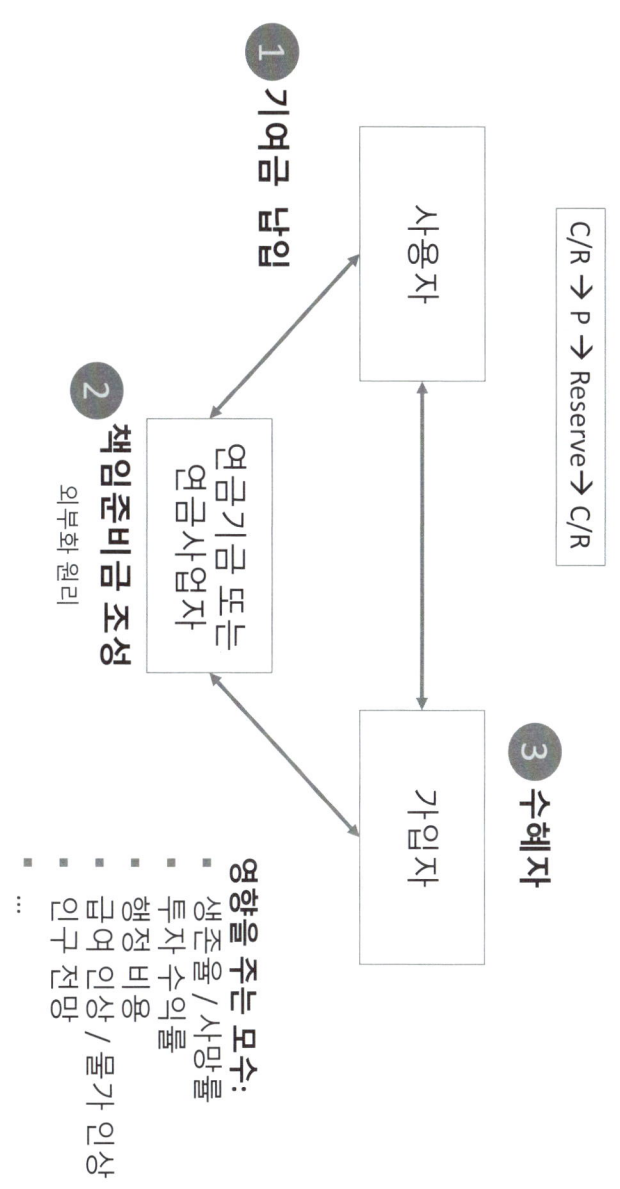

그림 II.2. 연금재원적립의 삼각관계 관점

연금제도의 설계는 사회적 지속가능성(social durability)과 재정적 지속가능성(financial durability) 사이의 균형을 유지하는 데 핵심적인 역할을 한다. 사회적 지속가능성은 은퇴 이후에도 최소한의 품위 있는 생활 수준을 유지할 수 있도록 보장하는 것을 의미한다. 여기에는 충분한 연금재원을 적립하지 못한 사람들에게도 일정 수준의 연금 수급권을 보장하고, 노후 빈곤을 예방하며, 연금 수급 개시 후에도 복지향상(welfare increases), 생활비 상승 등을 반영하여 연금급여를 조정함으로써 실질구매력을 유지하는 것을 포함한다.

재정적 지속가능성은 장기적으로 안정적인 재원 확보를 통해, 약속한 연금을 책임지고 지급할 수 있는 재정 능력을 갖추는 것을 의미한다.

II.3. 연금제도와 연금설계

연금지급 약속(pension commitment)을 제3자에게 위탁하도록 강제하는 데는 명확한 이유가 있다. 이를 연금약속의 외부화(externalisation)라고 하며, 연금자산이 고용주나 후원자(sponsor)가 아닌 별도의 법적 수탁기관(legal vehicle)에 의해 적립될 때 제도의 안정성과 수급권 보호가 강화된다.

일부 국가에서는 고용주의 재무상태표에 연금충당부채(pension provisions)를 포함하는 것을 허용하지만, 다른 국가에서는 법으로 제한하거나 금지하고 있다. 이러한 외부 자본적립(external funding)은 연금제도의 설계(plan design)에서 살펴본 것과 동일한 계리적 요소에 의해 영향을 받는다. 즉, 장수, 투자 수익률, 관리비용, 임금상승률, 인구구성 변화(신규 가입자와 퇴직자 증감) 등에 영향을 받는다.

따라서 계리사들은 약속된 연금급여를 재정적으로 충당하기 위해 필요한 기여금 수준의 변화를 적정하게 추정하는 연금재원 적립방식(funding techniques)을 개발해 왔다. 또한, 정해진 기여금 수준에 맞추어 지급 가능한 연금급여 수준을 추정하는 방법도 함께 발전시켰다.

그렇다면 기술적 관점에서 연금재원 적립을 위해 필요한 것은 무엇일까?

그림 II.3은 연금의 재원적립을 구성하는 세 가지 핵심 축, 즉 법적·제도적 규제(regulation), 계리기법(actuarial technique), 그리고 실무적 운영기준(rules)에 대해 보여 준다.

연금제도를 실행할 때, 법적·제도적 규제는 실무에서 필요한 운영기준이나 감독기준을 규정하는 역할을 한다. 특히, 보험사가 연금제도를 운영하는 경우, 요율구조(tariff structures)에 대한 특정 제한이 적용될 수 있다. 전통적인 요율구조는 (1) 생명표와 같은 확률법칙(probability law), (2) 할인율, (3) 비용구조의 세 가지 요소로 구성된다. 비용구조에 대한 구체적인 사례와 산출 방식은 '벨기에 단체보험의 비용구조'를 참조하라.

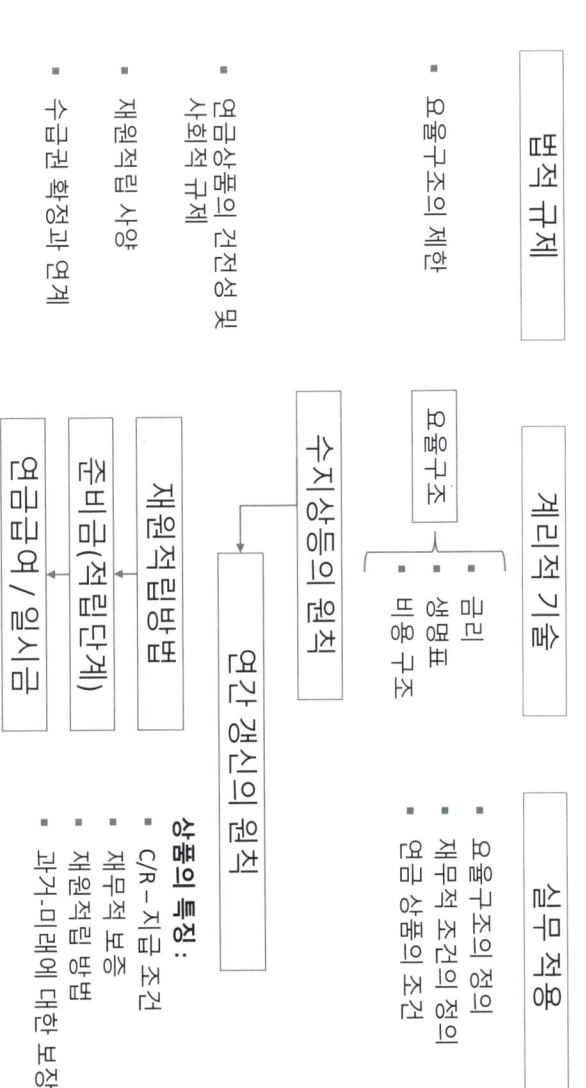

법적 규제
- 요율구조의 제한
- 요금상품의 건전성 및 사회적 규제
- 재원적립 사안
- 수급권 확정과 연계

계리적 기술

요율구조
- 금리
- 생명표
- 비용구조

수지상등의 원칙 → 연간 갱신의 원칙

- 재원적립방법
- 준비금(적립단계)
- 연금급여/일시금

실무 적용
- 요율구조의 정의
- 재무적 조건의 정의
- 요금상품의 조건

상품의 특징:
- C/R–지급 조건
- 재무적 보증
- 재원적립방법
- 과거-미래에 대한 보장

그림 II.3. 연금재원적립의 요소

다음으로, 사회보장법이나 노동법과 관련된 규제가 적용될 수 있으며, 최소적립기준(minimum funding levels)이 법적으로 요구될 수도 있다. 또한, 연금사업자가 제공하려는 재원적립방식이나 재정적 보장(financial guarantees)에 대해서는 법령 또는 감독 규제에 따라 별도의 운영기준(rules)이 설정될 수 있다. 더불어, 중도해지(early withdrawal), 계좌이전(transfer)과 같은 연금상품의 제도적 특징 또한 재원적립 구조에 직접적인 영향을 미친다.

계리기법은 수지상등의 원칙, 계리적 공정성, 요율구조에 기반하여 재원적립의 적정 수준을 산출하는 데 사용된다. 대부분의 이주연금제도는 평균임금제도 또는 최종임금체계와 같이 임금을 기준으로 설계되므로, 최신 임금자료를 반영하여 정기적으로(통상 매년) 수지상등의 원칙을 재적용해야 한다. 이러한 절차를 연금급여의 연간갱신(yearly renewal)이라고 한다. 계리기법은 이러한 절차를 통해 책임준비금의 설정(provisioning of reserves)과 연금급여의 발생(accrual of benefits)을 지원한다.

규제와 계리기법 외에도 실무적 운영기준은 연금제도의 운영에서 중요한 역할을 한다. 특히 대규모 단체연금의 경우, 구체적인 요율구조 결정은 단순한 수리계산을 넘어 재정적·기술적 조건을 둘러싼 이해당사자 간 협상을 통해 이루어지는 경우가 많다. 또한, 실제 운영 과정에서 명문화되지 않았지만 오랫동안 관행(unwritten rules)으로 자리 잡은 절차들이 체계적으로 적용되는 경우가 있다. 보충연금(complementary pensions)은 이러한 맞춤형 설계·운영 전통을 지니며, 개별 가입자의 필요에 부합하는 혜택 설계, 핵심 보장 조건, 그리고 보험료 납부방식 등 다양한 특성을 가질 수 있다.

II.4. 재원적립방식

연금제도의 재원적립과 관련하여 "연금비용(pension cost)"의 개념이 혼동될 수 있다. 특정 가입자 집단을 대상으로 도입된 연금제도의 실질적인 연금비용(real cost)은, 해당 제도의 마지막 가입자에 대한 연금 지급이 종료된 이후에야 비로소 확정적으로 파악된다. 다시 말해, 연금 "비용(cost)"은 최종 연금비용을 지급하기 위해 장기간에 걸쳐 적립되는 일정 금액으로 이해할 수 있다. 따라서 재원적립방식은 실제 연금비용을 시간에 따라 분산(spreading)하여, 연금제도가 운영되는 모든 시점에서 충분한 재원이 확보되도록 하는 수리적 방법을 의미한다.

계리학 문헌과 실무에서는 이러한 장기분산 적립방식을 다양한 관점에서 체계화해 왔으며, 대표적으로 다음 세 가지 기준에 따라 분류할 수 있다.

- 발생기준(accrued) vs. 예측기준(projected)
① 발생기준: 재원적립의 수준을 산정할 때, 현재 시점까지 확정적으로 발생한 실제 값을 기준으로 한다. 예) 현재 임금, 현재 근속연수, 확정된 급여액
② 예측기준: 향후 예상치를 반영하여 산정한다. 예) 연금 개시 직전의 최적 예상 임금, 장래 근속연수

• 개별적립(individual funding) vs. 통합적립(aggregate funding)

① 개별적립: 수지상등의 원칙을 가입자 개인별 단위로 적용

② 통합적립: 수지상등의 원칙을 가입자 집단 전체를 대상으로 적용

• 추가부채(supplemental liabilities) 반영방식

① 미반영(without): 새로 발생한 부채를 현재 연금비용에 통합하여 계산(cost integrated)

② 반영(with): 새로 발생한 부채를 현재 연금비용과 완전히 별도로 계산(separate cost calculation)

③ 부분반영(with partial): 두 방식을 혼합하여, 일부 부채는 현재 비용에 포함하고, 일부는 부채로 별도 계산

추가부채 부분반영은 초기 추가부채(initial supplemental liability)를 별도로 분리하여 계산하는 방법으로 설명할 수 있다. 여기서 초기 추가부채란 연금제도 도입 시(plan inception), 고용주(사용자)가 기존에 적립되지 않은[11] 과거 근속기간에 대해 적립하기로 결정할 때 발생하는 부채를 의미한다. 이처럼 연금제도의 도입시점을 기준으로 소급 적용된 기간을 "과거 근속기간(back service)"이라고 한다.

계리학 문헌에서는 발생급여적립방식(Accrued Benefit Cost Methods, ABCM 방법)과 예측급여적립방식(Projected Benefit Cost Methods, PBCM 방법)을 제시하고 있다. 이 방법들은 가입자 단위의 개별적립 또는

---

11) 기여금이 납부된 적이 없기 때문에 재원적립 없이 연금급여의 지급의무만 발생한 경우

집단 전체의 통합적립에 모두 적용할 수 있다. 또한, 추가부채 및 비용통합의 여부에 따라 "미반영", "반영" 또는 "부분반영"의 형태로 세분화되어 발전되어 왔다. 이러한 일반화된 방법에 대한 자세한 설명은 II.9절의 도표를 참조하라.

II.5. 재원적립계획

재원적립방법(funding methods)은 충분한 연금재원 확보를 위해 연금비용을 시간에 걸쳐 분산하여 계산하는 수리적 방법이다. 이러한 방법은 재원적립계획을 수립하는 데 사용된다.

그림 II.4는 시간-급여(time-benefit) 그래프를 활용하여 확정급여형(DB) 연금제도의 재원적립 원리를 도식화한 것이다. 그래프의 가로축은 가입자의 전체 근속기간(년)을 나타내며, 이는 연금약정 기간을 의미하는 사각형의 밑변으로 이해할 수 있다. 세로축은 급여산식과 연계된 급여지표를 나타내므로, 사각형 전체는 약속된 연금급여의 총 규모를 의미한다. 그래프의 대각선은 시간 경과에 따른 연금급여의 변화(근사치)를 나타내며, 특정 시점 t에서 사각형이 A, B, C 세 개의 작은 사각형으로 구분된다.

재원적립방식의 목적은 시점 t에서 아직 알 수 없는 A+B+C 전체에 대해 충분한 재원을 확보하는 것이다. 단기적으로는 시점 t에서 A가 충분히 적립되어야 한다. A+B+C를 최대한 정확하게 추정(estimate)하려면, 재원적립방식을 명확히 정의하는 것뿐만 아니라 필요한 가정들을 함께 설정하는 것이 중요하다.

연금급여 $C_t = (N/40) * 2 * S_t$ 65세
S = 임금

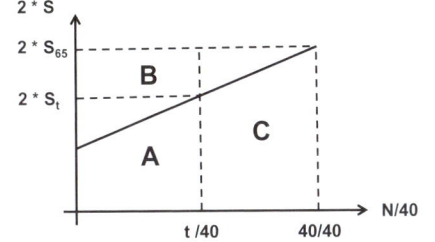 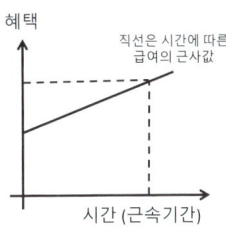

$C_{65} = A + B + C$ 는 시점 t에서 아직 알 수 없음

그림 II.4. 재원적립의 시간-급여(time-benefit) 그래프

재원적립방법은 기금을 조성하기 위한 연간(정상)비용(yearly normal cost)을 설정한다. 이 연간비용은 두 부분으로 구분할 수 있다.

① 과거 근속기간(past services)에 대한 재원적립 부분 → 일반적으로 N1(t)로 표기
② 미래 근속기간(future services)에 대한 재원적립 부분 → N2(t)로 표기됨

전체 근속기간(total career)은 N으로 표기하며, 다음과 같은 등식으로 표현된다.

(f.II.5)   N = N1(t) + N2(t)

II.6. 재원적립방법 실무(연금사업자의 관점)

계리 실무에서는 연금비용을 시간에 따라 분산하는 다양한 방법을 개발해 왔으며, 이에 대한 고유한 용어체계도 함께 정의해 왔다. 다음은 실무에서 자주 사용되는 재원적립 방법들이다:

- 개별평준보험료방식(Individual Level Premium Method): 추가부채 없이 근속기간별로 발생하는 비용을 연금과 유사한 형태(annuity cash flow)로 매년 균등하게 분산시켜 적립하는 ABCM 방식(Accrued Benefit Cost Method)에 해당하며, 미래급여를 예측하여 비용을 계산하는 PBCM 방식(Projected Benefit Cost Method)도 존재한다.
- 개별단위적립방식(Individual Unit Credit Method): 추가부채가 없이 발생한 급여 단위별로 비용을 계산하는 ABCM 방식에 해당하며, 이역시 PBCM 방식이 존재할 수 있다.
- 집합 또는 총액적립방식(Collective or Aggregate Method): 추가부채 없이 통합적 관점에서 전체 급여 예측에 기반하여 비용을 계산하는 집합형 PBCM 방식에 해당한다.

II.6.1. 개별연납평준보험료방식(Individual Annual Level Premium Method)

연납평준보험료 방식의 주된 목적은 추가부채가 없는 경우, 즉 연금산식에 통합되어 있는 임금(salary)이나 법적 연금[12](legal pension)과 같은 모수(parameters)의 값이 변하지 않는다면, 기여금을 매년 일정하게 유지하는 데 있다. 따라서 이 방식은 비용을 일정하게 유지하는 데 중점을 둔 비용 중심적(cost driven)인 방법이라고 할 수 있다.

그림 II.5는 시간-급여 그래프로 이 원리를 설명하고 있다.

연납평준보험료

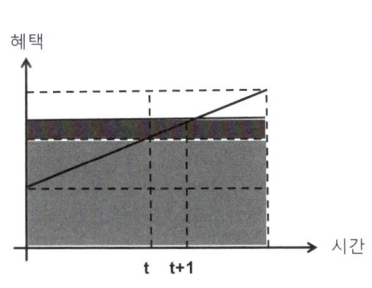

- 수지상등의 원칙에 따라 시작
- 재원적립이 필요한 전체 급여(total-benefits-to-fund)의 증가분은 매년 잔여 근속기간에 걸쳐 다시 분산되고, 추가된 근속기간은 새로운 수지상등의 원칙에 따라 재조정되어 반영
- (현재의 임금 수준을 기준으로 계산; with non projected salary)
- 추가 근속기간(1년)과 과거 근속기간의 재평가 간에 구별이 없음

그림 II.5. 시간-급여 그래프 상의 연납평준보험료

재원적립이 처음 시작될 때는 수지상등의 원칙을 적용하여 모든 비용이 미래기간에 걸쳐 균등하게 분산되도록 한다. 이후 각 시점에서는 추가 부채의 증가(또는 감소)분을 다시 수지상등의 원칙에 따라 남은 근속기간에 분산시킨다. 이 방식에서는 ① 추가 근속기간(extra service year)과 ② 과거 근속기간의 재평가(revalorisation)를 비용 산정 시 별도로 구분하지 않는다. 즉, 발생하는 모든 비용은 향후 남은 근속기간 전체에 걸쳐 분산된다.

---

12)   국가 법률에 따라 모든 국민에게 정부에서 제공하는 공적연금, 즉 일주연금을 의미

연납평준보험료방식

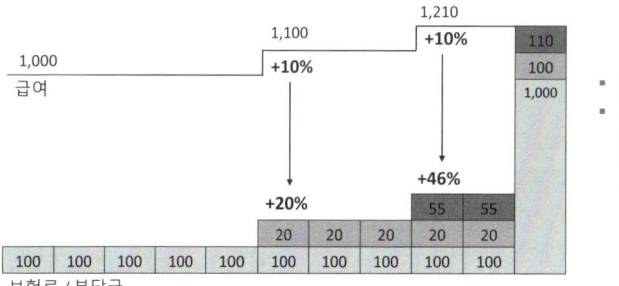

그림 II.6. 단순화된 연납평준보험료

그림 II.6은 연납평준보험료 방식의 원리를 단순화된 가상의 사례로 보여 준다. 이 사례에서는 퇴직시점에 일회성 임금($1 \times S$)에 해당하는 일시금(plan)을 지급하며, 사망률, 이자율, 조기퇴직, 관리비용 및 기타비용은 고려하지 않는다.

예를 들어, 1,000의 재원을 10년에 걸쳐 적립하는 과정에서, 6년차와 9년차에 임금상승이 발생하면 기여금이 이중 효과(double effect)로 인해 더 크게 증가하게 된다. 그 이유는 두 가지다. 첫째, 임금상승으로 인한 추가부채에 대해 적용할 수 있는 할인기간이 짧아지고, 둘째, 추가부채 비용을 분산할 수 있는 남은 기간 또한 줄어든다.

이 장의 후반부에서는 이에 대한 구체적인 수치 예제가 제시될 것이다. 또한, 연납평준보험료 방식은 현재 값뿐만 아니라 추정 값을 사용하는 예측변수(projected variant)의 방법도 존재한다.

II.6.2. 단위적립방식(Unit Credit Method)

단위적립방식(Unit Credit Cost Method)의 주된 목적은 근속기간이 경과함에 따라 가입자에게 부여되는 필요 책임준비금(reserves)을 적립하는데 있다. 이 방식의 기본가정은 현재 진행 중인 1년을 포함하여 그 시점까지 완료된 모든 근속기간(과거 근속기간)에 대한 연금수급권을 위한 재원이 적립되어야 한다는 것이다. 최초 재원적립 시점에는 첫 해 근속분에 대한 수급권 확보를 위해 수지상등의 원칙이 적용되며, 그 이후 매년 추가되는 근속연도에 대해서도, 과거 전체 근속기간과 모든 추가부채까지 고려하여 새롭게 재원을 적립한다.

그림 II.7은 시간-급여 그래프를 통해 이 원리를 설명한다.

단위적립방식

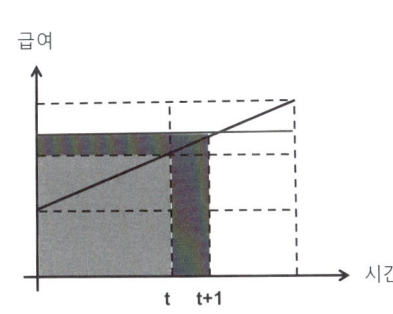

- 수지상등의 원칙에 따라 시작
- 재원적립이 필요한 급여(benefits-to-fund)의 증가분은 과거 근속기간에 대한 재평가분과 함께 최대 1년분만 반영
- (현재 임금 수준을 기준으로 계산; with non projected salary)
- 과거 근속기간에 대한 재원적립 완료 +(1)

그림 II.7. 시간-급여 그래프 상의 단위적립방식

그림 II.8은 앞서 설명한 단위적립방식의 원리를 동일한 가정의 사례로 설명한다. 이 사례에서는 연금제도는 퇴직시점에 1회분 급여($1 \times S$)를 일

시금으로 지급하는 방식으로 정의되며, 나머지 가정은 이전 예제와 동일하다.

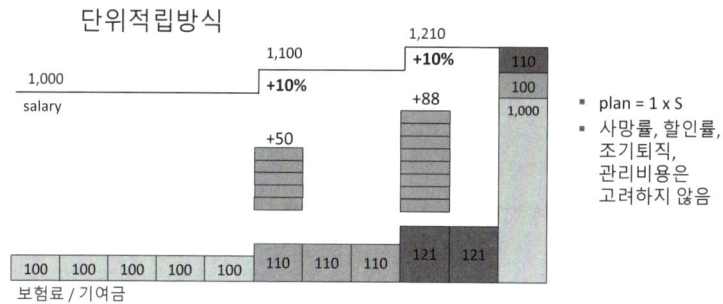

그림 II.8. 단순화된 단위적립방식

단위적립방식에서는 각 근속연도마다 퇴직급여의 단위가 적립된다. 퇴직급여가 "최종임금의 1 × S"라고 하면, 1년차 말에는 전체 급여의 1/N(예: 10년 근속 기준이면 1/10)만큼의 재원이 적립된다. 2년차 말에는 2/10, 3년차 말에는 3/10 … 이런 식으로 근속연도가 늘어날 때마다 누적 재원이 증가한다.

이 방식에서 주목할 점은 임금이 인상될 경우 추가부채가 발생한다는 것이다. 단위적립방식에서는 과거 모든 근속연도에 대해 최종임금을 기준으로 재산정하기 때문에, 임금이 10% 인상되면 이미 경과한 기간의 필요 재원도 일괄적으로 10% 증가한다. 이때 기존 적립액과 새롭게 계산된 필요 재원 간의 차액이 추가부채로 발생하며, 해당금액을 즉시 적립해야 한다.

위 예시에서는, 5년차 시점까지 500이 적립되어 있었다면 임금이 10%

인상될 때 과거 5년치의 필요 재원은 550으로 재산정되고, 부족분인 50이 추가부채로 발생한다. 이후 근속연도가 더해지면서 단위(unit)가 하나씩 쌓여 퇴직시점에는 최종 급여(1 × S)가 완전히 적립된다.

단위적립방식은 ABCM 방식 외에도 PBCM 방식을 기반으로 한 예측 변수 방식으로도 적용될 수 있다. 이 경우 급여 산정의 기준은 연금개 시 연령까지 예측된 모수(parameters)를 반영하여 계산된다. 특히, 이 방 식은 IFRS(IAS19), US GAAP 등과 같은 국제회계기준에 따라 반드시 적 용되어야 한다. 이러한 맥락에서 PBO(예측급여채무; Projected Benefit Obligation) 또는 DBO(확정급여채무; Defined Benefit Obligation)와 같은 용어가 사용된다. 이 개념은 기업이 미래 임금 상승까지 고려한 확정급여 부채를 현재 시점에서 평가해야 한다는 점에서 중요한 의미를 가진다.

그림 II.9는 6년차와 9년차의 임금 인상을 포함하여 모든 가정과 실제가 완전히 일치한다는 비현실적인 조건을 전제로 한 사례를 제시한 것이다. 이 사례에서는 임금상승이 발생하더라도 이미 예측에 반영되어 있었으므 로, 해마다 동일한 금액 121이 꾸준히 적립된다. 따라서 각 연도별 기여금 은 변동이 없으며, 퇴직시점에 정확히 퇴직시점 최종임금인 1,210의 재원 을 적립할 수 있다. 그러나 현실에서는 미래의 임금상승이나 경제변수들 을 완벽하게 예측할 수 없기 때문에, 이 사례는 어디까지나 비용예측 메 커니즘(cost anticipation mechanism)을 이해하기 위한 이론적 사례로서 의미를 갖는다.

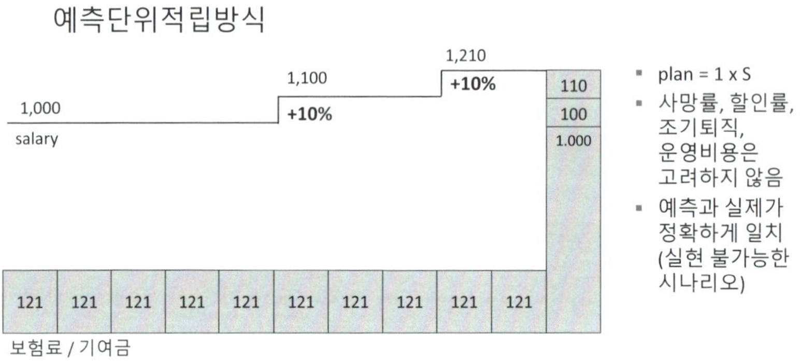

예측단위적립방식

그림 II.9. 단순화된 예측단위적립방식

II.6.3. 종합보험료방식(Aggregate Cost Method)

순수 종합보험료방식(Aggregate Cost Method)은 연금채무(pension obligation)를 가입자 집단 전체를 하나의 단위로 보고 재원을 적립하는 방식이다. 즉, 개인적 적립보다는 집단 전체 차원에서의 연대성 원칙(solidarity principle)과 재정적 균형(equilibrium)의 달성에 초점을 둔다.

이 방식에서는 일반적으로 기여금이 현재 가입자 전체의 총임금(current wage mass)에 대한 일정 비율로 정의된다. 이 기여율은 계리적 가정에 따라 산출되며, 시간이 흐르면서 실제 경험과 가정이 달라지면 주기적으로 조정된다.

연금채무를 집단적으로 표현하는 대표적인 통합개념 중 하나는 총예측급여채무(Total Projected Benefit Obligation, TBO)이다. TBO는 사전에 설정된 계리적 가정에 따라 각 가입자별로 산출된 PVFB(Present Value of Future Benefits; 미래급여의 현재가치) 값을 모두 합산한 것이다.

한편, 시간에 따른 비용 분산을 설명하기 위한 통합개념으로는 임금 (salary)의 함수 또는 생존기간(lifetime)의 함수가 사용될 수 있다.

임금의 함수로 접근할 경우, 일정 기간 동안의 예상 임금총액(projected wage mass)을 집계한 후 이를 계리적 가정(예: 임금상승률, 할인율 등)에 따라 현재가치로 환산하며, 이렇게 계산된 값은 PVFS(Present Value of Future Salary; 미래임금의 현재가치)로 표기된다.

반면, 생존기간의 함수 방식은 기대여명을 기반으로 연금급여 지급 시 점까지의 확률적 가중 평균을 계산하는 방식으로, 각 가입자의 미래 연금 급여에 생존확률을 곱해 합산한 뒤 이를 현재가치로 환산한다. 따라서 이 방식은 PVFB의 산출 과정과 직접적으로 연결된다.

이때 기여금을 계산하기 위한 현재 임금총액(current wage mass)에 적 용되는 고정 기여율은 다음과 같이 정의된다.

(f.II.6.)　　기여율(contribution rate) = %WM=[PVFB — assets]/PVFS

즉, 현재 시점에서 전체 가입자에 대해 미래 연금급여의 현재가치에서 이미 적립된 연금자산을 차감한 순부채를, 미래 임금총액의 현재가치로 나누어 산출한 값이 바로 고정 기여율이다. 여기서 WM은 오늘 시점을 기준으로 모든 가입자의 임금을 합산한 총액을 의미한다. 전체 가입자의 PVFB와 PVFS 총합에 대한 예측은 보통 모든 연금급여 지급이 완전히 종 료(run-off)될 때까지의 기간을 기준으로 산출된다. 다만, 계리사가 특정 예측기간(projection horizon)을 설정할 경우 해당 기간내에서 산출할 수 도 있다.

만약 계리적 가정이 시간이 지남에 따라 실제로 그대로 실현된다면, 기여율(contribution rate)은 일정하게 유지될 것이다. 하지만 현실에서는 임금상승률, 이자율, 사망률 등 가정이 지속적으로 수정되기 때문에, 기여율역시 정기적으로 갱신될 수밖에 없다.

계리학, 특히 보험분야에서는 집단적 재원적립방식(collective funding method)의 변형으로 종합평준보험료(aggregate level premium)라는 기법을 발전시켜 왔다.

이 방법에서는 모든 가입자에 대해 합산된 미래급여의 현재가치(PVFB) 개념을, 모든 가입자의 미래 기여금의 현재가치(PVFC) 합계로 대체하여 종합 기여율(aggregate contribution rate)을 산출한다.

이 방식은 다음과 같은 2단계 계산 과정을 따른다.

① 각 가입자별로 미래의 기여금 총액을 산출한 뒤, 이를 현재가치(PVFC)로 계산한다.
② 모든 가입자의 PVFC 합계를 전체 현재 임금총액(current wage mass)과 비교하여 종합기여율을 산출한다.

따라서 이 구조는 단체보험제도(group insurance schemes)에서 적용되는 재원적립방식과 동일한 원리에 기초하고 있으며, 연금제도의 재원적립방식 중 순수총액방식(pure aggregate concept)과 유사한 성격을 가진다고 할 수 있다.

II.7. 시점 t=0의 거치연금에 대한 수지상등의 원칙과 표기법

기본 표기법은 다음과 같다:

- C_0: 시점 t=0에서의 연금자산(또는 $C = R \times a$) – 등식 (f. II. 3) 참조
- P_0: 시점 t=0에서의 보험료(또는 기여금)
- c: 기여금에 비례하는 비용률(%)

기여금 계산에 영향을 미치는 비용구조에 대한 심층적인 분석은 제2장 후반부의 "벨기에 단체보험의 비용구조"에서 확인할 수 있다.

시점 t=0부터 퇴직시점까지 n년의 기간을 가정할 경우, 수지상등의 원칙은 다음과 같이 표현된다:

(f. II. 7) $$C_0 \times {}_nE_x = P_0 \times (1 - c) \times ä_{x:n}$$

(f. II. 8)   또는 $$P_0 = \frac{C_0 \times {}_nE_x}{ä_{x:n} \times (1 - c)}$$

(f. II. 9)   또는 $$C_0 = \frac{P_0 \times (1 - c) \times ä_{x:n}}{{}_nE_x}$$

등식 (f. II. 7)은 x세 가입자가 n년 후까지 생존하는 경우 지급되는 연금자산 C의 현재가치가, 동일 가입자가 n년 동안 매년 납부하는 기여금(비용 차감 후)의 현재가치와 동일하다는 것을 나타낸다. 즉, 이는 연금사업자가 부담하는 연금급여 지급 의무의 현재가치와 고용주가 부담하는 기

여금 납입 의무의 현재가치가 정확히 일치해야 한다는, 이른바 수지상등의 원칙을 표현한 것이다.

이 등식(f. II. 7)은 확정급여형(DB) 제도에서 정해진 연금급여 수준을 기준으로 기여금을 산출하는 방식으로 활용될 수 있을 뿐만 아니라(f. II. 8), 확정기여형(DC) 제도에서 정해진 기여금을 기준으로 연금급여의 수준을 역산하는 방식으로도 적용될 수 있다(f. II. 9). 즉, 하나의 동일한 원리가 DB와 DC 모두에서 방향만 달리 적용되는 것이다.

이를 요율구조의 관점에서 정리하면 다음과 같다:

ACR_0: 시점 t=0에서의 연간 기여율(annual contribution rate)

$$(\text{f. II. 10}) \qquad ACR_0 = \frac{(1-c) \times \ddot{a}_{x:n}}{{}_nE_x}$$

연간 기여율(annual contribution rate, ACR_0)은 x세 가입자가 매년 1단위의 기여금을 기시급(prenumerando) 방식으로 n년간 납입했을 때, n년 후 적립할 수 있는 연금자산의 크기를 나타내는 계수이다. 즉, ACR_0는 매년 납입한 기여금이 최종적으로 얼마의 자산으로 환산되는가를 보여 주는 지표이다.

따라서, 연금자산 C_0와 보험료 P_0는 다음과 같이 연결된다.

$$(\text{f. II. 11}) \qquad C_0 = P_0 \times ACR_0 \qquad \text{또는} \qquad P_0 = C_0 / ACR_0$$

이 관계식은 기여금과 연금급여를 하나의 공식으로 통합한 요율구조(tariff structure)이다. 다시 말해, DB 제도에서는 C_0가 주어졌을 때 필요한 P_0를, DC 제도에서는 P_0가 주어졌을 때 확보 가능한 C_0를 각각 산출할 수 있다.

$$(\text{f. II. 12}) \qquad UCR_0 = \frac{(1-c)}{{}_nE_x}$$

UCR_0(unique 또는 one-off contribution rate)은 x세 가입자가 연초에 일시납으로 1 단위를 납입했을 때, n년 후 적립 가능한 연금자산의 규모를 의미한다. 즉 매년 기여금을 나누어 납입하는 대신, 초기 일시납이 얼마의 자산으로 환산되는가를 보여 주는 지표이다.

여기서 비용구조는 기여금에 비례하는 일정한 비율(c)로 가정되었으며, 이때 비용 차감 후의 기여금만 실제 적립에 반영된다. 비용구조가 기여금 산출에 미치는 영향은 제2장 후반부 "벨기에 단체보험의 비용구조(cost structures)"에서 다루어진다.

II.8. 시점 t의 (연간)갱신과 수지상등의 원칙

시점 t=0에서 연금자산 C_0와 기여금/보험료 P_0가 설정되었다고 가정해 보자. 그러나 시간이 경과하면서, 시점 t에서 연금급여를 정의하는 하나 이상의 계리적 요소(예: 기대여명, 임금상승률, 이자율 등)가 변경될 수 있다. 이러한 변화가 발생하면, 이를 반영하기 위해 새로운 연금계산이 필요하다.

이 과정에서 계리사가 선택한 재원적립방식이 중요한 역할을 한다. 왜 냐하면 각 방식은 "비용을 시간에 따라 어떻게 분산할 것인가"라는 원칙 이 다르기 때문이다.

특히, 시점 t에서 새로 반영되는 급여 부분(bought-in benefits)은 새로운 수지상등의 원칙이 적용된다. 이는 "급여의 현재가치와 기여금의 현재 가치가 다시 일치하도록 조정한다"는 의미이다. 따라서 이미 적립된 연금 자산은 유지하되, 변경된 계리적 가정 하에서 추가 발생한 급여의 현재가 치를 반영할 수 있도록 기여금 구조를 재산정해야 한다.

II.8.1. 연납평준보험료방식의 (연간)갱신

C_0는 연금제도의 초기 설계에 따라 산출되고, P_0는 앞서 설명한 수지상 등의 원칙에 근거하여 계산된다. 이제 시점 t=1에 도달했을 때, 일부 계리 요소들이 변경되었다고 가정해 보자.

새로운 모수(parameters)를 반영하여 C_1이 재계산되면, 기존의 P_0는 시 점 t=0에서의 조건에 따른 균형만을 반영하고 있으므로 더 이상 적절하지 않다. 따라서 새롭게 발생한 연금채무의 변화분(증분)에 대해서는, 시점 t=1에서 다시 수지상등의 원칙을 적용하여 새로운 기여금(P_1)을 산출해야 한다.

개별연납평준보험료방식의 경우, 새로운 기여금 P_1은 다음과 같이 계산 된다.

(f. II. 13) $P_1 = P_0 + (C_1 - C_0)/ACR_1$

여기서 $(C_1 - C_0)$는 계리 가정의 변경으로 인해 발생한 추가 연금채무를 의미한다. 이 방식은 미래의 각 시점 t마다 조건이 변할 때마다 새로운 계산을 수행하는 구조를 갖는다. 이는 연금제도를 운영하는 기관, 특히 단체보험 사업자나 일부 연금기금에게 중요한 업무 중 하나이다.

또한, 요율구조(tariff structure)에 기반하여 산출되는 계리적 책임준비금(mathematical reserves)은 어느 시점에서든 계산될 수 있다. 책임준비금은 시점 t 기준으로 남아 있는 연금급여 의무의 현재가치에서, 향후 납입될 예정인 기여금의 현재가치를 차감한 값으로 정의된다. 이는 연금사업자가 현재 시점에서 계리적으로 보유해야 할 자산 규모, 즉 순계리적 부채를 의미한다. 이 유형의 준비금은 제3장에서 R2로 표기될 것이다.

책임준비금은 일반적으로 V(t)로 표기되며, 수급권 확정(vesting issues)과 관련해서는 R2로 표기된다. 이는 곧 시점 t에서 연금사업자(또는 보험사)의 미래 연금지급 의무의 현재가치와, 고용주가 납부해야 할 미래 기여금(보험료)의 현재가치 간의 차이를 의미한다.

(f. II. 14) $V(t) = C_t \times {}_{n-t}E_{x+t} - P_t \times (1 - c) \times \ddot{a}_{x+t;n-t}, \quad t<n$

여기서 C_t와 P_t는 시점 t 또는 t-1에서 변경분 계산(change calculation)을 통해 산출된 값이다.

한편, U(t)로 표기되는 완납가치(paid-up value)는 시점 t 이후 추가적인

기여금 납입이 이루어지지 않는다는 전제하에, 연금개시연령에 수령할 수 있는 연금급여의 가치를 의미한다:

$$(f.\,II.\,15) \qquad U(t) = C_t - \frac{P_t \times (1 - c) \times \ddot{a}_{x+t;\overline{n-t}}}{{}_{n-t}E_{x+t}}$$

등식 (f.\,II.\,10)에 연간기여율을 대입하면 보다 간단히 다음과 같이 표현된다.

$$(f.\,II.\,16) \qquad U(t) = C_t - P_t \times ACR_t$$

이를 다시 정리하면, 일시납 기여율(f.\,II.\,12)을 활용하여 책임준비금 $V(t)$과 완납가치 $U(t)$ 사이의 관계를 다음과 같이 나타낼 수 있다.

$$(f.\,II.\,17) \qquad V(t) = U(t)/UCR_t$$

II.8.2. 단위적립방식의 (연간)갱신

시점 t=0에서의 연금자산 C_0는 연금제도의 설계에 따라 산출되며, 기여금 P_0는 최초 근속연도에 대해 적립되는 기여금으로 계산된다:

$$(f.\,II.\,18) \qquad \text{시점 } t = 0\text{에 추가된 연금자산:} \quad C_0 \times \frac{N1(0) + 1}{N}$$

여기서 $N1(0)$은 연금제도의 도입시점(plan inception)에 인정된

(recognised) 과거 근속기간을 의미한다. 만약 연금제도가 시작될 때 과거 근속기간을 인정하지 않는 경우, N1(0)은 0이 된다.

C_1은 시점 t=1에서의 새로운 모수를 반영하여 재계산된다. 이때 새로운 기여금 P_1은, 시점 t=1에서 발생한 연금채무의 증분에 대해 새로운 수지상등의 원칙을 적용하여 계산된다:

$$(f.\,II.\,19) \qquad P_1 = \left[C_1 \times \frac{N1(1)+1}{N} - C_0 \times \frac{N1(0)+1}{N} \right] / UCR_1$$

여기서, N1(1) = N1(0)+1은 1년의 근속기간이 추가되었음을 의미하며, N1(t)는 시점 t에서 인정된 과거 근속기간을 나타낸다. N은 연금제도 계약서에서 정의된 근속이 가능한 최대 기간을 나타내며, 개인의 근속 중단이나 재개 여부와 관계없이 변하지 않는 상수이다.

등식 (f.\,II.\,18)은 다음과 같이 다시 정리할 수 있다:

$$(f.\,II.\,20) \qquad P_1 = (C_1 - C_0) \times \frac{N1(0)+1}{N} / UCR_1 + C_1 \times \frac{1}{N} / UCR_1$$

위 식에서 첫 번째 항은 과거 모든 근속기간에 대해 새롭게 발생한 책임의 증분(increment)을 반영하는 부분이며, 두 번째 항은 시점 t에서 새로 추가된 1년의 근속에 따른 책임을 반영하는 부분이다.

II.9. 재원적립방식의 예제

실제 연금계산의 사례를 제시하기 위해, 구체적인 연금제도의 설계를 가정해 보자.

제2장과 제3장 전반에 걸쳐 동일한 연금제도 설계, 조건 및 가입자 특성을 가진 사례가 사용될 것이다. 이 제도는 연금개시 연령에서 연금자산 C를 지급하는 구조이다. 이때 연금자산 C는 다음과 같이 정의된다:

$$(f.\,II.\,21) \qquad C_t = \frac{N}{40} \times (2 \times S1_t + 8 \times S2_t)$$

여기서 N은 근속연수를 의미하며, 연금자산 C는 근속연수에 비례한다. 단, 최대 근속연수는 40년으로 제한한다. 이러한 40/40 조건은 필수 요소는 아니지만, 많은 기존 연금제도의 설계에서 일반적으로 채택되어 온 방식이다. 임금 S는 시간에 따라 변하는 함수이므로, 연금자산 C 역시 시간의 함수로 표현된다.

$$(f.\,II.\,22) \qquad S1 = MIN(S, 상한)$$
$$(f.\,II.\,23) \qquad S1 = MAX(S, S - 상한)$$
$$(f.\,II.\,24) \qquad S = S1 + S2$$

여기서, S1은 임금 중 상한(ceiling)를 초과하지 않는 하단 부분(lower part)을 의미한다. 예를 들어, 전체 연금급여 수준에 공적연금(또는 일주연금)이 통합되어 반영되는 경우, 이 상한선은 국가연금 산정에 적용되는 기준소득 상한에 해당할 수 있다. 즉, 임금에 상한을 두어 그 초과분은 공적연금으로 보장되지 않고, 추가 연금급여(이주연금)를 통해 보완되도록 설계하는 것이다. S2는 상한을 초과하는 임금의 상단 부분(upper part)을 의미한다. 따라서 임금 S는 상한을 기준으로 하단 부분 S1과 상단 부분 S2로 나누어지며, 두 부분의 합이 전체 임금을 구성한다.

임금 S는 연금제도 계약서에서 정의되며, 이는 법적 범위 내에서 다양한 방식으로 설정될 수 있다. 예를 들면 다음과 같다.

(f. II. 25)　　　$S = 12 \times 월임금$

여기서 월임금은 연간 기준의 월평균 임금일 수도 있고, 특정 달(예: 1월)의 임금을 의미할 수도 있다. 또한, 연금제도 계약의 규정에 따라 정기 휴가 수당, 일정 수준의 보너스나 변동 급여와 같은 기타 금전적 요소를 포함할 수도 있고, 제외될 수도 있다.

이 연금급여 공식은 공적연금(또는 일주연금)을 포함하는 계단식 산식(step-rate)과 연계되어 있다. 예를 들어, 연금제도의 목표가 법정연금(Legal State Pension, LSP)을 포함하여 최종임금의 70% 수준을 보장하는 것이라면, 이에 따라 산정되는 보충연금(complementary pension)은 다음과 같이 계산된다:

(f. II. 26)　　　$C_t = \dfrac{N}{40} \times (70\% \times S_t - LSP_t) \times a$

만약 LSP가 임금상한의 50%(즉, LSP = 50%)이고, 이 임금상한이 공적
연금이 적용되는 최대 임금과 동일하며, 장수연금(longevity annuity[13])
"a"의 값이 12라고 할 경우, 공식 (f. II. 25)는 다음과 같이 정리될 수 있다:

(f. II. 27) $C_t = \frac{N}{40} \times (2.4 \times S1_t + 8.4 \times S2_t)$

다음과 같은 요율구조를 가진 연금약정이 연금사업자에 의해 실행된다
고 가정해 보자:

- 개별적립방식(individual capitalisation)
- 연 할인율 3.25% 적용
- 보험료에 비례하는 관리비용 5% 부과
- Makeham MR/FR 생명표 적용(자세한 정의는 제1장의 벨기에 생명
  표를 참조)
- 매년 선납(prenumerando) 방식으로 보험료 납입

연금비용은 주로 고용주가 부담하지만, 가입자 또한 일부 재원적립에
기여한다:

- 가입자의 기여: 연 임금(S)의 2%
- 고용주의 기여: 잔여 비용 전액을 부담

---

13) 장수를 대비한 연금보험으로 일정기간 후에 연금이 지급된다.

가입자의 정보: 여성, 가입 시 연령 30세

- 가입 시 임금: 50,000(상한: 30,000)
- 생년월일: 1960년 1월 1일
- 가입일: 1990년 1월 1일
- 근속률(employment rate): 100%

기타 가정:

- 임금 인상률(계산 기준): 매년 4% 정률 인상
- 물가상승률(임금상한 적용): 매년 2% 정률 인상

이제 계산할 준비가 되었다.

II.9.1. 연납평준보험료방식 예제

A-1. 시점 t=0 기준 퇴직시점까지 연금자산 목표 C 계산?

S_1 = 30,000, S_2 = 20,000, 예상 총 근속기간(N = 35년)

C_0 = 35/40 × (2 × 30,000 + 8 × 20,000) = 192,500

해설: 등식 (f.II.21)에 따라 임금 하단부분(S_1)은 2배, 임금 하단부분(S_1)은 8배의 가중치를 각각 적용해 합산한 후, 전체 40년 대비 예상 근속연수 35년을 비례 반영한다. 따라서 시점 t=0 기준 퇴직시점까지

적립해야 할 연금자산목표(capital objective)는 $C_0 = 192,500$이다.

A-2. 시점 t=0 가입자 기여금 PC 계산?

$PC_0 = 50,000 \times 2\% = 1,000$

해설: 가입자는 시점 t=0의 연임금 50,000에 2%를 적용해 가입자 기여금(PC_0) 1,000을 납부한다. 이 금액은 고용주 기여금과 합산되어 전체 기여금 P_0를 구성하게 된다.

A-3. 시점 t=0 퇴직까지 가입자 부담 연금자산 목표 CC 계산?

• 시점 t=0의 연간기여율 계산?

기본정보: 연령(x) = 30세, 예상 총 근속기간(n) = 35년, 여성생명표 (FR), $_nE_x = 0.303193$, $\ddot{a}_{x:n} = 21.094744$

연간기여율$(ACR_0) = (0.95^{[14]} \times 21.094744)/0.303193 = 66.096539$

• 가입자 부담 연금자산 목표 계산?

$CC_0 = 1,000 \times 66.096539 = 66,096.54$

해설: ACR_0는 등식 (f.II.10)에 따라, 시점 t=0에서 매년 1을 기시급(선납)으로 납입했을 때 퇴직시점에 적립 가능한 연금자산의 수준

---

14) 여기서 0.95는 기여금에 대해 5%의 관리비용이 부과된 후, 실제 적립에 반영되는 비율을 의미함

을 의미한다. 가입자가 매년 1,000을 기여하는 경우, 최종적으로 66,096.54의 연금자산(CC_0)을 형성할 수 있다. 이는 전체 목표 연금자산 C_0 중 가입자 부담분에 해당하며, 잔여분은 고용주가 부담한다.

A-4. 시점 t=0 고용주 부담 연금자산 목표 CA 계산?

CC_0 = 66,096.54, C_0 = 192,500, CA_0 = C_0 - CC_0 = 126,403.46

해설: 총 연금자산 목표인 C_0에서 가입자 부담분 CC_0을 차감한 나머지가 고용주 부담분 CA_0이다. 따라서 고용주는 시점 t=0 기준으로 가입자의 퇴직시점까지 총 126,403.46을 적립해야 전체 연금자산 목표를 달성할 수 있다.

A-5. 시점 t=0 고용주 부담 기여금 PA 계산?

ACR_0 = 66.096539
PA_0 = 126,403.46 / 66.096539 = 1,912.41

해설: 고용주가 퇴직시점까지 적립해야 할 연금자산 목표 CA_0를 연간 기여율 ACR_0로 나누면, 고용주가 연간 선납방식으로 납입해야 할 기여금 PA_0이 계산된다. 따라서 고용주는 가입자의 퇴직까지 35년간 매년 1,912.41을 납입하면, 총 126,403.46의 연금자산을 조성하게 된다.

A-6. 시점 t=1 연금자산 C 적립목표 계산?

$S_1 = 30,600$, $S_2 = 21,400$, 예상 총 근속기간 $N = 35$

$C_1 = 35/40 \times (2 \times 30,600 + 8 \times 21,400) = 203,350$

해설: 1년이 경과 시 임금이 4% 상승하여, 임금 하단부분(S_1)과 상단부분(S_2)의 값이 각각 조정되었다. 이에 따라 연금자산 목표 $C_0 = 192,500$에서 $C_1 = 203,350$으로 증가하였다. 이는 연금자산 목표의 재계산과 함께, 가입자와 고용주의 기여금 또한 재산정되어야 함을 의미한다.

A-7. 시점 t=1 가입자 보험료 PC 계산?

$PC_1 = 52,000 \times 2\% = 1,040$

해설: 1년 경과 후 임금이 4% 상승하여 연임금이 52,000이 되었다. 이에 계약서에 명시된 가입자 기여율 2%를 적용하면, 가입자는 시점 t=1에서 가입자는 총 1,040을 기여금(PC_1)으로 납부한다.

A-8 시점 t=1 퇴직까지 가입자 부담 연금자산 목표 CC 계산?

• 시점 t=1의 연간기여율 계산?

기본정보: 연령(x) = 31세, 예상 총 근속기간(n) = 34년, 여성생명표 (FR), $_nE_x$ = 0.313199, $\ddot{a}_{x:n}$ = 20.757914

$ACR_1 = (0.95 \times 20.757914) / 0.313199 = 62.963222$

• 가입자 부담 연금자산 목표 계산?

$$CC_1 = 66{,}096.54 + (1{,}040 - 1{,}000) \times 62.963222 = 68{,}615.07$$

해설: 시점 t=1에서는 이전 연도까지의 연금자산 목표 66,096.54에 임금 상승으로 인한 기여금의 증가분(1,040 - 1,000 = 40)을 반영한다. 증가분에 새로운 연간기여율(ACR_1)로 환산하면 추가 연금자산 목표는 2,518.53이 된다. 따라서 시점 t=1 기준 가입자 부담연금 자산 목표(CC_1)는 68,615.07로 산출된다.

A-9. 시점 t=1 고용주 부담 연금자산 목표 CA 계산?

$CC_1 = 68{,}615.07$, $C_1 = 203{,}350$, $CA_1 = C_1 - CC_1 = 134{,}734.93$

해설: 시점 t=1 기준 전체 연금자산 목표 C_1은 203,350이다. 이 중 가입 자의 부담분 CC_1=68,615.07을 제외한 나머지 금액이 고용주의 부 담분 CA_1이 된다. 따라서 고용주는 퇴직시점까지 총 134,734.93 을 적립해야 한다.

A-10. 시점 t=1 고용주 부담 기여금 PA 계산?

$ACR_1 = 62.963222$

$PA_1 = 1{,}912.41 + (134{,}734.93 - 126{,}403.46) / 62.963222 = 2{,}044.73$

해설: 고용주는 기존 기여금($PA_0 = 1{,}912.41$)에 더해, 새로운 연금자산 목표 증가분(134,734.93 - 126,403.46 = 8,331.47)을 연간기여율

(ACR₁)로 나눈 추가 납입액을 반영해야 한다. 따라서 시점 t=1에서 고용주의 연간 기여금은 2,044.73으로 조정된다. 이 금액을 매년 동일하게, 기시급으로 34년간 납입할 때 고용주의 연금자산 목표(CA_1) 134,734.93을 달성할 수 있다.

A-11. 시점 t=1 가입자가 적립한 책임준비금 VC 계산?

CC_1 = 68,615.07

PC_1 = 1,040

VC_1 = 68,615.07 × 0.313199 − 1,040 × 0.95 × 20.757914 = 981.35

해설: 책임준비금 VC_1 계산의 첫째 항은 가입자 부담 연금자산 목표(CC_1 = 68,615.07)를 현 시점(x = 31, n = 34)에서의 생존확률계수($_nE_x$ = 0.313199)로 환산한 금액이다. 둘째 항은 앞으로 가입자가 납입할 기여금의 현재가치로, 기여금(PC_1 = 1,040)에 관리비용 5%를 차감한 뒤, 현가계수(x = 31, n = 34, $\ddot{a}_{x:n}$ = 20.757914)를 곱해 산출한다. 두 값을 차감하면, 현재까지 가입자가 부담하여 적립한 책임준비금 VC_1 = 981.35가 산출된다.

A-12. 시점 t=1 고용주가 적립한 책임준비금 VA 계산?

CA_1 = 134,734.93

PA_1 = 2,044.73

VA_1 = 134,734.93 × 0.313199 − 2,044.73 × 0.95 × 20.757914

= 1,876.73

해설: 책임준비금(VA_1) 계산의 첫째 항은 고용주 부담 연금자산 목표 (CA_1 = 134,734.93)를 현재가치(x = 31, n = 34, $_nE_x$ = 0.313199)로 환산한 금액이다. 둘째 항은 앞으로 고용주가 납입해야 할 기여금의 현재가치로, 기여금(PA_1 = 2,044.73)에서 관리비용 5%를 차감한 뒤, 현가계수(x = 31, n = 34, $\ddot{a}_{x:\overline{n}}$ = 20.757914)를 곱해 산출한 값이다. 두 값을 차감하면, 고용주가 현재까지 부담하여 적립한 책임준비금 VA_1 = 1,876.73이 된다.

A-13. 시점 t=1 적립된 총 책임준비금 V 계산?

$V_1 = VA_1 + VC_1 = 2,858.08$

해설: t=1 시점에 적립된 총 책임준비금은 가입자 책임준비금과 고용주 책임준비금을 합산한 값이다. 따라서 총 V_1 = 2,858.08이 되며, 이는 장래 연금급여 지급을 보장하기 위한 기초가 된다.

그림 II.10은 연납평준보험료 방식을 적용하여 가입시점부터 연금개시 연령까지의 각 연령별로 계산된 보험료의 수준을 나타낸다.

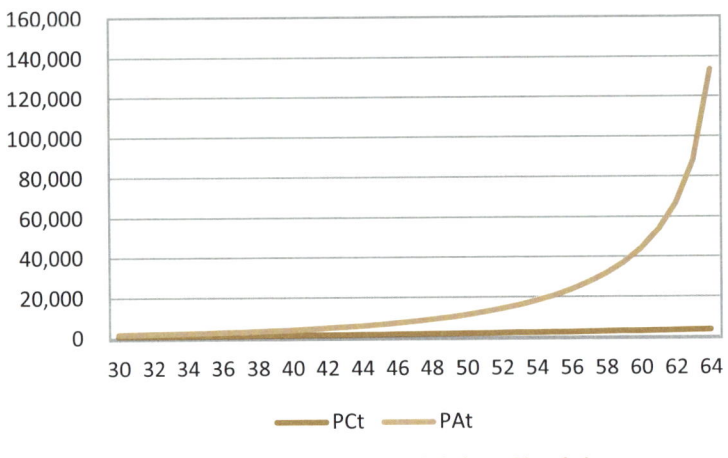

기여금의 추이 - 평준보험료방식

그림 II.10. 보험료의 추이 - 연납평준보험료방식

그림 II.11은 연납평준보험료 방식을 적용하여 가입시점부터 연금수급 연령까지의 각 연령별로 산정된 책임준비금의 변화를 보여 준다.

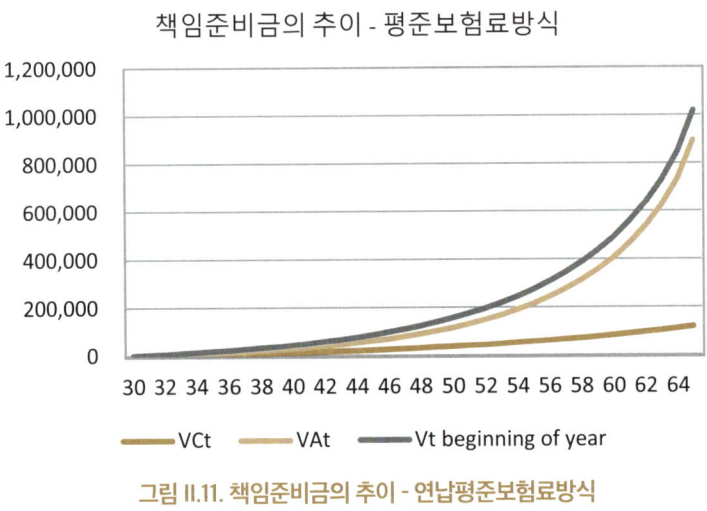

책임준비금의 추이 - 평준보험료방식

그림 II.11. 책임준비금의 추이 - 연납평준보험료방식

II.9.2. 발생기준 단위적립방식 예제

B-1. t=0 시점의 연금자산 목표 C 계산?

$S_1 = 30,000$, $S_2 = 20,000$, 예상 총 근속기간(N) = 35년

$C_0 = 35/40 \times (2 \times 30,000 + 8 \times 20,000) = 192,500$

해설: 등식 (f.II.20)에 따라, 임금 하단부분(S_1)은 2배, 임금 상단부분(S_1)은 8배의 가중치를 각각 적용한 후 합산한다. 이 값을 기준으로 최대 근속연수 40년 중 예상 근속연수 35년을 비례 반영하면, 시점 t=0에서 퇴직시점까지 적립해야 할 연금자산 목표액은 $C_0 = 192,500$이 된다.

B-2. 시점 t=0 가입자 기여금 PC 계산?

$PC_0 = 50,000 \times 2\% = 1,000$

해설: 가입자의 연임금이 50,000이고, 기여율이 2%이므로 시점 t=0에서 가입자가 부담해야 할 기여금은 $PC_0 = 1,000$이다. 이 금액은 추후 고용주의 기여금과 합쳐져 전체 기여금을 구성하게 된다.

B-3. 시점 t=0 가입자 부담 연금자산 목표 CC 계산?

• 시점 t=0의 단일기여율(UCR) 계산?

기본정보: 연령(x) = 30세, 예상 총 근속기간(n) = 35년, 여성생명표 (FR), $_nE_x = 0.303193$

$UCR_0 = 0.95 / 0.303193 = 3.133318$

- 가입자 부담 연금자산 목표 계산?

  $CC_0 = 1,000 \times 3.133318 = 3,133.32$

해설: UCR_0는 시점 t=0에서 연초에 1 단위 금액을 일시불로 납입했을 때, 퇴직시점(n = 35)에 적립 가능한 연금자산 수준을 의미한다. 따라서 가입자가 1,000을 기시급으로 납입하면, 35년 후 3,133.32 만큼의 연금자산(CC_0)을 조성할 수 있다. 이때 CC_0는 전체 연금자산 목표 C_0 중 가입자 부담 부분이며, 잔여분은 고용주 부담으로 충당되어야 한다.

B-4. 시점 t=0 고용주 부담 연금자산 목표 CA 계산?

$CC_0 = 3,133.32$, $C_0 = 192,500$

- 시점 t=1에 할당된 연금자산 목표 계산

  $CTB_0 = 1/35 \times 192,500 = 5,500$

  $CA_0 = CTB_0 - CC_0 = 2,366.68$

해설: 발생기준(accrual basis)에서는 전체 근속기간 동안의 연금자산 목표 C_0를 예상 총 근속연수(35년)로 나누어, 현재까지 발생한 1년치 근속분에 해당하는 연금자산 목표 CTB_0를 산출한다. 여기에서 가입자가 부담하는 부분 CC_0을 차감하면, 고용주가 부담해야

할 연금자산 목표 CA_0 = 2,366.68이 산출된다.

B-5. 시점 t=0 고용주 기여금 PA 계산?

UCR_0 = 3.133318

PA_0 = 2,366.68 / 3.133318 = 755.33

해설: 고용주가 퇴직시점까지 적립해야 할 연금자산 목표 CA_0를 단일기여율 UCR_0로 나누면, 고용주가 시점 t=0에 납입해야 할 기여금은 PA_0 = 755.33이 된다. 즉, 고용주는 t=0 시점에 755.33을 선납 일시불로 납입하면, 35년 후 2,366.68의 연금자산을 조성할 수 있다.

B-6. 시점 t=1 연금자산 목표 C 계산?

S_1=30,600, S_2=21,400, 예상 총 근속기간 = 35년

C_1 = 35/40 × (2 × 30,600 + 8 × 21,400) = 203,350

해설: 1년 경과 후 임금이 4% 인상되면서, 임금 하단부분(S_1)과 상단부분(S_2)의 값이 각각 30,600과 21,400으로 조정되었다. 이에 따라 연금자산 목표도 기존 C_0=192,500에서 C_1=203,350으로 증가하였다. 이는 향후 발생기준 방식에 따라 새롭게 산출되는 가입자와 고용주 기여금에도 영향을 미친다.

B-7. 시점 t=1 가입자 기여금 PC계산?

PC_1 = 52,000 × 2% = 1,040

해설: 임금이 4% 인상되어 연임금이 52,000이 되었고, 계약서에 명시된 기여율 2%를 적용하면 시점 t=1에서 가입자는 PC_1 = 1,040을 납부한다.

B-8. 시점 t=1 가입자 적립된 연금자산 CC 계산?

• 단일기여율 계산?

  기본정보: 연령(x) = 31세, 총 예상 근속기간(n) = 34년, 여성생명표 (FR), $_nE_x$ = 0.313199

  UCR_1 = 0.95 / 0.313199 = 3.033212

• 가입자 부담 연금자산 목표 계산?

  CC_1 = 3,133.32 + 1,040 × 3.033212 = 6,287.86

해설: 시점 t=0에서 가입자가 납입한 기여금 PC_0으로 조성될 연금자산 목표 CC_0 = 3,133.32는 퇴직시점까지 적립될 전체 연금자산 목표의 일부를 형성한다. 1년이 경과한 시점 t=1에서 납입한 기여금 PC_1 = 1,040에 새롭게 계산한 단일기여율(UCR_1)을 반영하면, 추가 연금자산 목표 3,154.54가 산출된다. 이를 CC_0 = 3,133.32에 더하면 CC_1 = 6,287.86가 산출된다.

B-9. 시점 t=1 고용주 부담 연금자산 목표 CA 계산?

CC_1 = 6,287.86, C_1 = 203,350

• 시점 t=1에 할당된 연금자산 목표 계산

$CTB_1 = 2/35 \times 203,350 = 11,620$

$CA_1 = CBT_1 - CC_1 = 5,332.14$

해설: 발생기준(accrual basis)에서는 현재까지 발생한 근속연수에 해당하는 연금자산 목표만 인식한다. 따라서 총 목표 C_1을 예상 총 근속기간 35년으로 나누어 시점 t=1의 연금자산 목표(CTB_1)을 계산한다. 여기서 가입자 부담분 CC_1를 차감하여 고용주 부담분 CA_1 = 5,332.14를 산출한다.

B-10. 시점 t=1 고용주 기여금 PA 계산?

$UCR_1 = 3.033212$, $CA_0 = 2,366.68$, $CA_1 = 5,332.14$

$PA_1 = (5,332.14 - 2,366.68) / 3.033212 = 977.66$

해설: 시점 t=0 기준 고용주 부담 연금자산 목표 CA_0는 이미 인식된 상태이다. 시점 t=1 기준 고용주 부담 연금자산 목표 CA_1의 증가분을 새로운 단일기여율(UCR_1)로 나누면, 추가 기여금 PA_1 = 977.66이 산출된다. 즉, 고용주는 이를 납입함으로써 t=1 기준 누적 연금자산 목표를 충족한다.

B-11. 시점 t=1 가입자 책임준비금 VC 계산?

$CC_0 = 3,133.32$

$VC_1 = 3,133.32 \times 0.313199 = 981.35$

해설: 발생기준 단위적립방식에서는 이미 납입된 기여금이 조성할 연금자산 목표만 책임준비금으로 인식한다. 따라서 CC_0에 생존확률계수 $_nE_x = 0.313199$(x=31, n=34)를 곱하여 현재가치로 환산하면 $VC_1 = 981.35$가 된다. 이는 평준보험료 방식과 달리, 미래 기여금의 현재가치를 차감하지 않고 과거 근속분만 인식하는 점이 특징이다.

B-12. 시점 t=1 고용주가 적립한 책임준비금 VA 계산?

$CA_0 = 2,366.68$

$VA_1 = 2,366.68 \times 0.313199 = 741.24$

해설: 고용주 책임준비금(VA_1)은 고용주가 지금까지 납입한 기여금으로 조성될 연금자산 목표 CA_0를 기준으로 계산된다. 여기에 동일한 생존확률계수 $_nE_x = 0.313199$(x=31, n=34)를 곱하면 현재가치로 환산된 $VA_1 = 741.24$가 된다.

B-13. 시점 t=1 총 책임준비금 V 계산?

$V_1 = VA_1 + VC_1 = 1,722.59$

해설: 시점 t=1에 적립된 총 책임준비금 V_1은 가입자와 고용주의 책임준비금을 합산한 값이며, 이는 해당 시점까지 근속분에 대해 형성된 연금재원으로, 향후 약정된 연금급여 지급의 이행을 보장하기 위한 기반이 된다.

그림 Ⅱ.12는 단위적립방식을 적용하여 가입시점부터 연금개시연령까지의 모든 연령에서 계산된 보험료를 보여 준다.

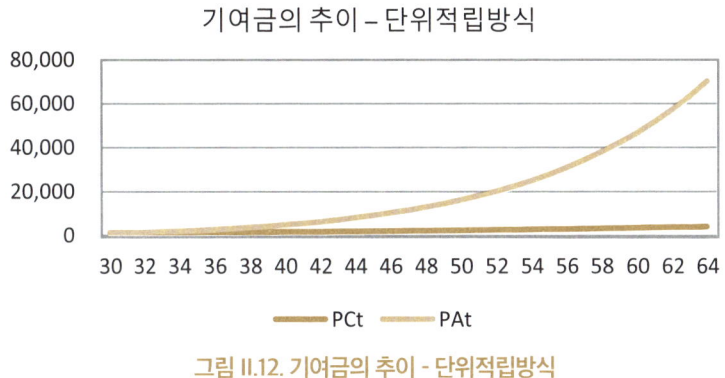

그림 Ⅱ.12. 기여금의 추이 - 단위적립방식

그림 Ⅱ.13은 단위적립방식을 적용하여 가입시점부터 연금 수급 연령까지 각 연령별로 계산된 책임준비금의 변화를 보여 준다.

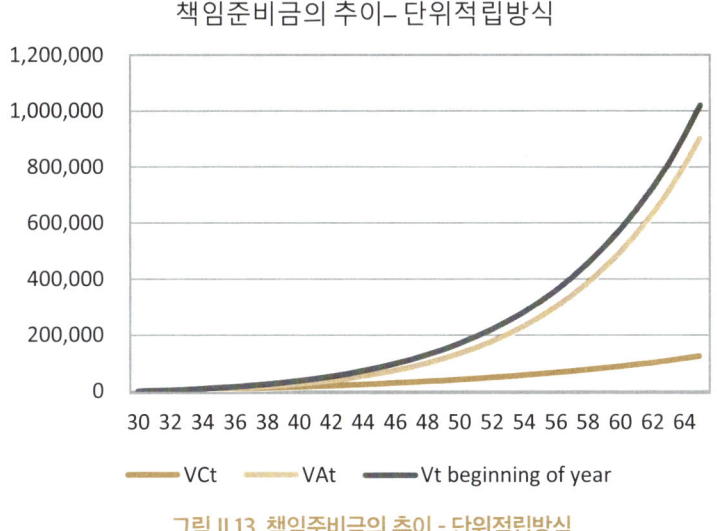

그림 Ⅱ.13. 책임준비금의 추이 - 단위적립방식

II.10. 연금제도의 이익배분

이익배분(profit sharing)는 연금사업자가 제공하는 보장 이자율 (guaranteed interest rate)을 초과하여 발생하는 추가 금융수익을 분배하는 제도이다. 이는 연금 비즈니스에서 오랜 기간 검증되어 온 방식으로, 확정급여형(DB) 연금제도의 재원적립을 강화하는 수단으로 널리 활용될 수 있다.

이익부분 제도는 고용주나 가입자가 납입하는 기여금과는 별개로 운영 성과를 반영하여 추가 재원을 조성한다는 특징이 있다. 따라서 확정급여형(DB) 연금제도의 장기적 재정 건전성을 보완하고, 연금급여 지급의 안정성을 높이는 효과를 가져온다.

본 절에서는 먼저 확정급여형(DB) 연금제도에 적용 가능한 재원적립 방식을 설명한 후, 이어서 단순화된 이익배분 기법이 연금급여를 충당하기 위한 기여금 적립곡선에 어떠한 영향을 미치는지를 예제를 통해 살펴볼 것이다.

시작하기에 앞서, 연금계정(pension account)에서 발생하는 주요 손익에 대해 간략히 설명한다.

II.10.1. 연금계정의 손익 구조

그림 II.14는 연금계약의 포트폴리오(개별계정 또는 통합계정)에서 발생할 수 있는 이익과 손실(profits and losses)의 원천을 시각적으로 보여준다.

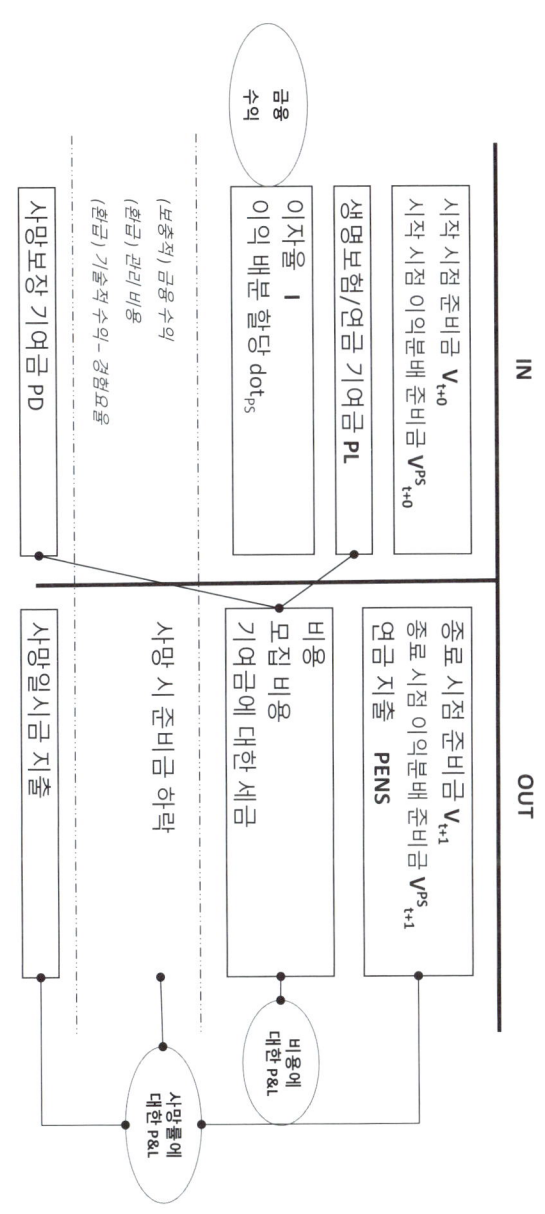

IN

시점 시점 준비금 V_{t+0}
시적 시점 이익분배 준비금 V^{PS}_{t+0}

생명보험/연금 기여금 **PL**

이자율 I
이익 배분 할당 dot_{PS}

금융
수익

(보충적) 금융 수익
(할인) 관리 비용
(할당) 기술적 수익 - 결합요율

사망보장 기여금 PD

OUT

종료 시점 준비금 V_{t+1}
종료 시점 이익분배 준비금 V^{PS}_{t+1}
연금 지출 **PENS**

비용
모집 비용
기여금에 대한 세금

사망 시 준비금 하락

비용에
대한 P&L

사망 시금 지출

사망풀에
대한 P&L

그림 II.14. 연금계좌에서 발생하는 손익의 원천

손익계산서(P&L)에서 연금계정의 유입항목(incoming)은 다음과 같다:

- 이익배분 준비금(V^{PS}_{t+0}로 표기)을 포함한 유입 준비금(V_{t+0}로 표기): 신규 계약의 경우 계리적 책임준비금은 0이지만, 기존 계약의 경우 전기에서 이월된 책임준비금과 동일하다.
- 기여금: 연금 관련 기여금(PL)과 사망보장 관련 기여금(PD)
- 금융수익: 연금사업자가 손익계산서(P&L)에 배분하는 금융수익으로, 기술적 이자(I)와 이익배분(dot_{ps})의 합으로 구성된다. 이 금융수익은 실제 운용에서 발생한 총 투자수익과 반드시 일치하지 않으며, 그 차액은 연금사업자의 재무상태표(balance sheet)에 반영된다.

손익계산서(P&L)에서 연금계정의 유출항목(outgoing)은 다음과 같다.

- 이익배분 준비금(V^{PS}_{t+1})을 포함하는 유출 준비금(V_{t+1}): 연말 기준으로 연금사업자의 요율구조와 본 장에서 제시된 원칙에 따라 계산된다.
- 지급된 연금(PENS)
- 사망보장금 지급액
- 운영비용 및 모집수수료(commissions)
- 기여금에 대한 세금(유입항목에 포함된 경우)

주의할 점은, 회계연도 중 사망한 가입자로 인한 책임준비금의 감소(freefall of reserves)는 더 이상 유출 항목에 직접 반영되지 않거나, 일부 간접적으로만 반영된다는 점이다.

연금사업자의 손실은 다음의 세 가지 원천에서 발생한다:

- 금융수익에 따른 손익: 준비금 및 보험료/기여금 운용에서 발생한 실제 투자수익과 기술적 이자, 이익배분을 통해 계약자에게 환급된 수익 간의 차이에서 발생하는 수익 또는 손실
- 관리비용에 따른 손익: 기여금에 포함된 예상 관리비용과 실제로 발생한 제3자 지급비용, 모집수수료 간의 차이에서 발생하는 수익 또는 손실
- 생명표 가정에 따른 기술적 손익(technical profit and loss): 실제 생존율 또는 사망률이 최초 생명표 가정과 차이가 있어 발생하는 기술적 위험차손익

이러한 손익 구조를 통해 연금사업자는 계약자에게 추가 수익을 배분하거나, 대규모 계좌 관리비용을 환급하거나, 예비준비금(contingency reserves)을 활용해 손실을 보전할 수 있다. 이러한 기법을 통칭하여 손실보상기법(loss compensation technique)이라고 하며, 이는 경험요율제도[15](experience rating system) 등을 통해 구현될 수 있다.

---

15) 피보험자의 과거 보험 청구 이력이나 위험 특성, 그리고 과거 경험치를 평가하여 보험료나 요율을 산정하는 방법

II.10.2. 이익배분 기법

이익배분의 구체적 메커니즘은 연금사업자마다 다를 수 있다.

과거 보험업계에서는 상품 구조가 지나치게 복잡하여 가입자들이 이를 이해하기 어려운 경우가 많았다. 이러한 상황에서 연금사업자들은 마케팅 전략의 일환으로, 실제와는 무관하게 가능한 가장 높은 명목상의 이익 배분 비율을 강조해 상품을 더 매력적으로 보이도록 하는 경향이 있었다.

최근에는 이익배분 기법이 이전보다 투명하게 운영되고 있으며, 주로 "평균 책임준비금(mean reserve)"의 증가에 기초하여 이익이 배분되는 방식이 보편화되고 있다.

그림 II.15는 이익배분의 가장 단순한 형태를 보여 준다. 이 방식에서는 준비금 증가분을 선형 근사화(linearly approximated)하여 계산한다. 즉, 해당기간의 시작시점과 종료시점의 준비금 값을 산술평균 내어 평균 책임준비금을 정의하고, 이를 기준으로 증가분을 산출한다. 추가 이익배분액은 다음 공식과 같이 계산된다:

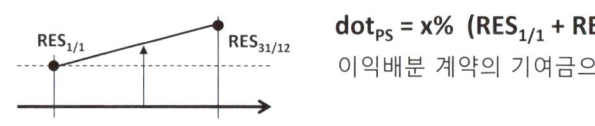

$$dot_{PS} = x\% \; (RES_{1/1} + RES_{31/12}) / 2$$
이익배분 계약의 기여금으로 추가

그림 II.15. 이익배분의 기본 형태

dot_{ps}로 표기되는 추가 이익배분액은 평균 책임준비금과 연금사업자가 일방적으로 설정한 이익배분율($x\%$)에 따라 결정된다.

전통적으로 이 추가금은 기존 보험상품의 체계, 즉 요율구조에 따라 연금 혜택에 가산하는 방식으로 제공되었다. 그러나 실제 운영에서는 보험료 할인, 보너스 지급 등 다양한 형태로도 제공될 수 있으며, 이는 기술적으로 타당하고 법적 요건을 충족한다면 모두 가능하다.

이후 절에서는 이 간단한 공식을 토대로, 이익배분이 확정급여형(DB) 연금제도의 재원적립 곡선에 어떤 영향을 미치는지를 구체적으로 살펴본다.

II.10.3. 실무 예제

이익배분이 재원적립 곡선(funding curve)에 미치는 영향을 설명하기 위해서 구체적인 연금제도의 설계가 필요하다. II.9절에서 제시된 동일한 연금제도의 설계, 조건 및 가입자 특성을 기반으로 계산을 다시 수행한다.

예제의 요약

연금수급연령에 약속된 연금자산 C은 다음과 같다:

등식 (f. II. 21)과 동일함 $C_t = \dfrac{N}{40} \times (2 \times S1_t + 8 \times S2_t)$

연금사업자가 다음과 같은 요율구조를 적용한다고 가정한다:

- 개별적립방식(individual capitalisation)
- 연 할인율 3.25% 적용
- 보험료에 비례하는 관리비용 5% 부과

- Makeham MR/FR 생명표 적용(자세한 정의는 제1장의 벨기에 생명 표를 참조)
- 매년 선납(prenumerando) 방식으로 보험료 납입

연금비용은 주로 고용주가 부담하지만, 가입자 또한 일부 재원적립에 기여한다:

- 가입자의 기여: 연 임금(S)의 2%
- 고용주의 기여: 잔여 비용 전액을 부담

가입자의 정보: 여성, 가입 시 연령 30세

- 가입 시 임금: 50,000(상한: 30,000)
- 생년월일: 1960년 1월 1일
- 가입일: 1990년 1월 1일
- 근속률(employment rate): 100%

임금과 물가 상승률에는 다음의 세 가지 시나리오가 적용된다.

시나리오 A:
- 임금 인상률(계산 기준): 매년 4% 정률 인상
- 물가 상승률(임금상한 적용): 매년 2% 정률 인상

시나리오 B:
- 임금 인상률(계산 기준): 매년 2% 정률 인상
- 물가 상승률(임금상한 적용): 매년 2% 정률 인상

시나리오 C:
- 임금 인상률(계산 기준): 매년 0% 정률 인상
- 물가 상승률(임금상한 적용): 매년 0% 정률 인상

이 세 가지 시나리오 A, B, C에 대해 다음의 네 가지 이익배분의 사례가 적용된다:

- 이익배분이 없거나, 이익배분이 연금급여에 단순히 추가 지급되는 방식으로 연금수급연령에 약정된 연금자산 C에 포함되지 않은 경우
- 평균 책임준비금 증가분의 0.5%에 해당하는 이익배분이 적용되는 경우
- 평균 책임준비금 증가분의 1%에 해당하는 이익배분이 적용되는 경우
- 평균 책임준비금 증가분의 2%에 해당하는 이익배분이 적용되는 경우

이하의 표와 그래프는 각 시나리오(A, B, C)에 따른 사례의 결과를 시각적으로 보여 준다.

시나리오 A: 임금 인상률 연 4%와 물가 상승률 연 2%

표 II.1. 이익배분 예측, 임금 인상률 연 4% - 물가 상승률 연 2%

4/2	이익배분 없음	이익배분 0.5%	이익배분 1%	이익배분 2%
30	1912.41	1912.41	1912.41	1912.41
31	2044.73	2044.37	2044.01	2043.28
32	2192.47	2190.97	2189.46	2186.46
33	2357.39	2353.87	2350.35	2343.32
34	2541.48	2534.95	2528.43	2515.38
35	2746.99	2736.33	2725.68	2704.40
36	2976.45	2960.39	2944.35	2912.31
37	3232.76	3209.85	3186.98	3141.34
38	3519.18	3487.79	3456.46	3393.99
39	3839.46	3797.71	3756.07	3673.12
40	4197.88	4143.63	4089.57	3982.00
41	4599.34	4530.16	4461.27	4324.35
42	5049.53	4962.61	4876.13	4704.48
43	5555.01	5447.12	5339.87	5127.34
44	6123.43	5990.83	5859.17	5598.69
45	6763.73	6602.10	6441.81	6125.24
46	7486.45	7290.74	7096.91	6714.84
47	8304.07	8068.39	7835.30	7376.78
48	9231.51	8948.92	8669.84	8122.11
49	10286.72	9948.99	9616.00	8964.05
50	11491.51	11088.86	10692.54	9918.62
51	12872.72	12393.38	11922.44	11005.38
52	14463.72	13893.43	13334.22	12248.56
53	16306.67	15627.95	14963.83	13678.60
54	18455.72	17646.89	16857.24	15334.35
55	20981.84	20015.61	19074.57	17266.44
56	23980.36	22821.75	21696.29	19542.41
57	27583.19	26186.38	24833.36	22255.12
58	31979.78	30283.08	28644.60	25537.03
59	37455.57	35372.92	33368.46	29586.28
60	44468.93	41874.33	39386.39	34718.69
61	53824.19	50520.17	47365.26	41484.34

62	67133.11	62776.28	58636.35	50977.18
63	88430.20	82304.97	76519.59	65915.03
64	133864.34	123739.03	114255.71	97097.77
65	0.00	0.00	0.00	0.00

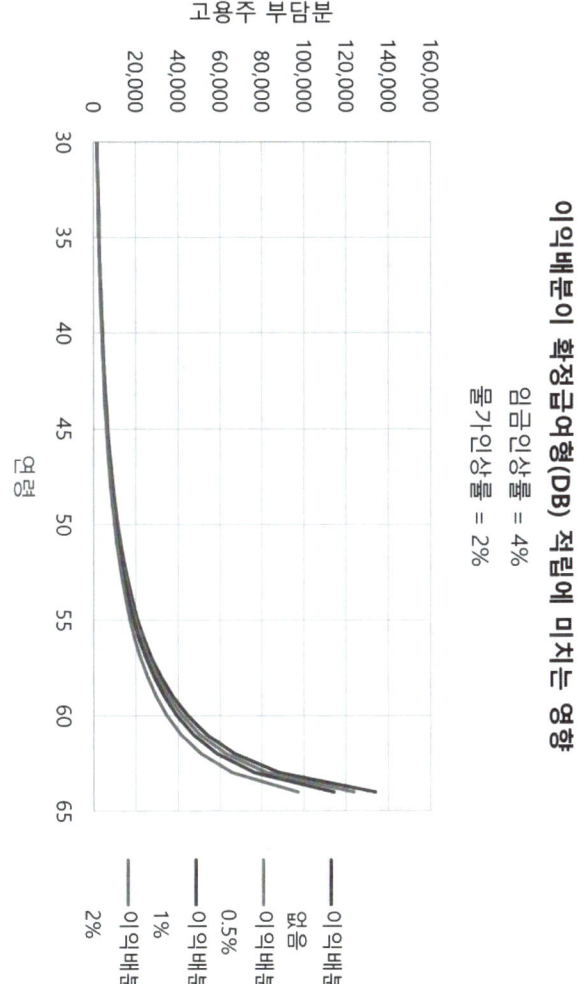

그림 II.16. 이익배분 예측, 임금 인상률 연 4% - 물가 상승률 연 2%

시나리오 B: 임금 인상률 연 2%와 물가 상승률 연 2%

표 II.2. 이익배분 예측, 임금 인상률 연 2% - 물가 상승률 연 2%

2/2	이익배분 없음	이익배분0.5%	이익배분1%	이익배분2%
30	1912.41	1912.41	1912.41	1912.41
31	1953.55	1953.19	1952.83	1952.10
32	1998.68	1997.19	1995.70	1992.73
33	2048.15	2044.71	2041.26	2034.38
34	2102.38	2096.07	2089.76	2077.15
35	2161.81	2151.63	2141.47	2121.16
36	2226.94	2211.82	2196.71	2166.55
37	2298.35	2277.08	2255.84	2213.47
38	2376.66	2347.92	2319.25	2262.09
39	2462.58	2424.93	2387.38	2312.60
40	2556.93	2508.75	2460.74	2365.24
41	2660.60	2600.11	2539.89	2420.27
42	2774.65	2699.86	2625.49	2477.96
43	2900.25	2808.96	2718.27	2538.68
44	3038.79	2928.51	2819.09	2602.82
45	3191.85	3059.79	2928.93	2670.83
46	3361.28	3204.28	3048.95	2743.26
47	3549.25	3363.73	3180.48	2820.74
48	3758.33	3540.19	3325.11	2904.03
49	3991.60	3736.13	3484.74	2994.04
50	4252.74	3954.50	3661.64	3091.85
51	4546.28	4198.90	3858.58	3198.79
52	4877.80	4473.79	4078.98	3316.51
53	5254.30	4784.72	4327.11	3447.06
54	5684.71	5138.81	4608.40	3593.07
55	6180.71	5545.30	4929.94	3757.94
56	6757.88	6016.53	5301.15	3946.22
57	7437.71	6569.48	5734.97	4164.14
58	8250.94	7228.39	6249.87	4420.57
59	9243.81	8029.64	6873.48	4728.76
60	10490.32	9031.38	7649.92	5109.81
61	12120.16	10335.29	8656.17	5600.44

62	14392.87	12144.47	10045.71	6273.61
63	17957.57	14965.89	12200.97	7310.53
64	25411.40	20824.32	16646.46	9431.07
65	0.00	0.00	0.00	0.00

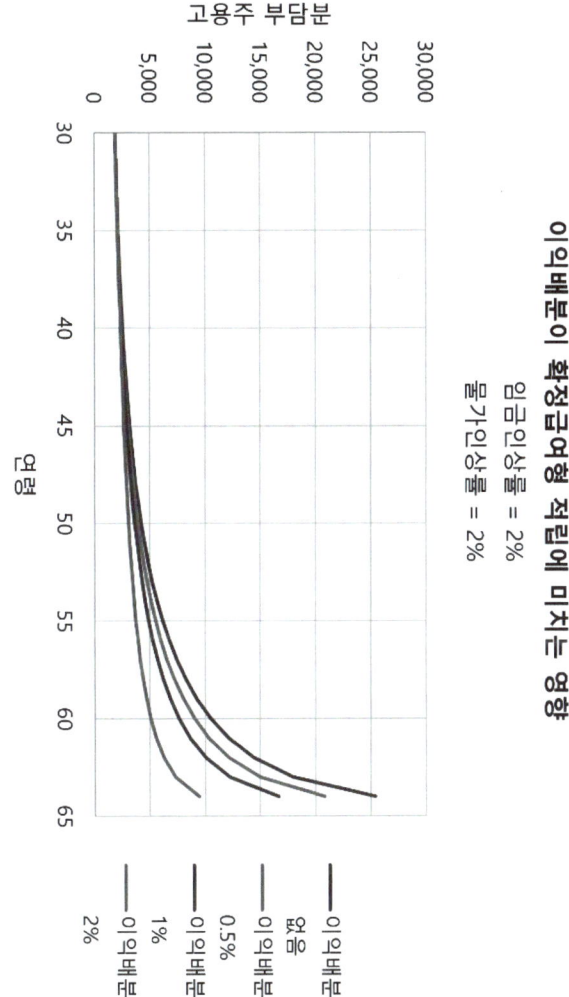

그림 II.17. 이익배분 예측, 임금 인상률 연 2% - 물가 상승률 연 2%

시나리오 C: 임금 인상률 연 0%와 물가 상승률 연 0%

표 II.3. 이익배분 예측, 임금 인상률 연 0% - 물가 상승률 연 0%

O/O	이익배분 없음	이익배분 0.5%	이익배분 1%	이익배분 2%
30	1912.41	1912.41	1912.41	1912.41
31	1912.41	1912.04	1911.68	1910.96
32	1912.41	1910.93	1909.45	1906.49
33	1912.41	1909.00	1905.60	1898.79
34	1912.41	1906.21	1900.02	1887.64
35	1912.41	1902.49	1892.59	1872.80
36	1912.41	1897.78	1883.17	1854.00
37	1912.41	1891.99	1871.61	1830.95
38	1912.41	1885.05	1857.75	1803.34
39	1912.41	1876.85	1841.40	1770.81
40	1912.41	1867.30	1822.36	1732.98
41	1912.41	1856.27	1800.39	1689.41
42	1912.41	1843.63	1775.24	1639.64
43	1912.41	1829.23	1746.62	1583.12
44	1912.41	1812.89	1714.20	1519.25
45	1912.41	1794.43	1677.59	1447.32
46	1912.41	1773.60	1636.37	1366.56
47	1912.41	1750.15	1590.01	1276.05
48	1912.41	1723.75	1537.94	1174.73
49	1912.41	1694.04	1479.44	1061.36
50	1912.41	1660.58	1413.67	934.45
51	1912.41	1622.81	1339.64	792.25
52	1912.41	1580.09	1256.08	632.58
53	1912.41	1531.58	1161.47	452.78
54	1912.41	1476.23	1053.84	249.48
55	1912.41	1412.69	930.66	18.36
56	1912.41	1339.13	788.57	0.00
57	1912.41	1253.08	622.98	0.00
58	1912.41	1150.97	427.33	0.00
59	1912.41	1027.51	191.87	0.00
60	1912.41	874.22	0.00	0.00
61	1912.41	676.28	0.00	0.00

62	1912.41	404.13	0.00	0.00
63	1912.41	0.00	0.00	0.00
64	1912.41	0.00	0.00	0.00
65	0.00	0.00	0.00	0.00

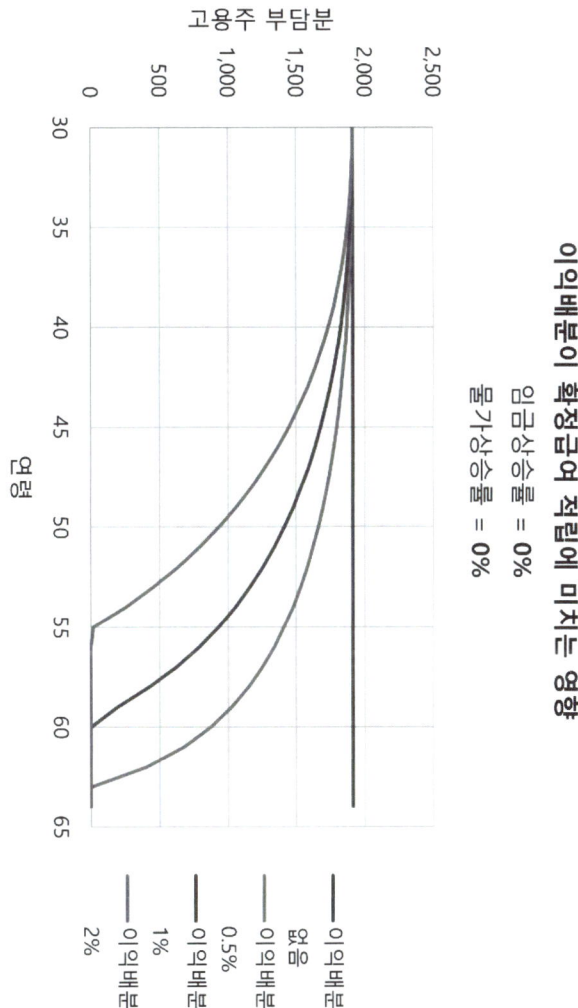

그림 II.18. 이익배분 예측, 임금 인상률 연 0% - 물가 상승률 연 0%

위의 각 예제는 단순화된 이익배분 기법이 변화하는 연금급여를 충당하기 위해 필요한 기여금의 재원적립 곡선에 얼마나 실질적으로 어떤 영향을 미칠 수 있는지를 보여 준다.

벨기에 단체보험의 비용구조

연금 비즈니스에 적용되는 생명보험 상품의 보험료 부과체계는 법률에 의해 규제될 수 있다. 벨기에의 경우 요율구조 자체가 생명보험 상품을 규제하는 법적 기준이 된다. 이 규정은 2016년 3월 16일 제정된 보험감독법(Insurance Supervision Act, ISA)과 이를 시행하기 위해 제정된 2003년 11월 14일자 왕실령(Royal Degree)에 명시되어 있다.

보험감독법(ISA) 제213조 3항은 보험료 체계를 다음과 같이 정의한다:
"보험사의 약정과 이에 대해 부과된 보험료 간의 관계에서 고려되는 기술적 이자율(technical interest)[16]과 확률 법칙(probability laws)[17]을 제외한 모든 기타 요율 요소"
또한 보험감독법 제214조는 보험사업자가 생명보험 상품에 적용되는 요율(요금)을 반드시 공시해야 한다고 규정한다. 이러한 요율은 보험상품

---

16) 일반적인 이자율과는 조금 다른 개념이며 주로 보험사 계약에서 예상되는 수익을 계산하고 정의하는 데 사용하는 이율이며 보험 분야의 용어임을 강조하기 위해 사용된다.
17) 특정 사건의 발생 확률이나 사망률과 같이 보험 상품의 리스크를 평가하고, 해당 리스크에 대한 적절한 보험료를 산정하는 데 사용하는 모델을 의미한다.

의 관리 및 운영비용, 중개인 수수료, 손실이나 위험에 대비한 안전마진 (security margin) 확보에 필요한 모든 비용을 충당하는 데 사용된다.

비용구조

벨기에 관련 법령은 보험상품에 적용되는 비용을 소진하는 목적, 즉 고용주로부터 연금사업자가 보험료가 이전(handover)되어 회계적으로 소유권이 전환되는 과정의 성격에 따라 세 가지 유형으로 한정하고 있다.

상업비용(commercial charges)은 보험상품의 판매(distribution)와 관련된 모든 비용을 포함하며, 여기에는 마케팅, 광고, 판매 촉진 활동 등이 해당한다. 재고비용(inventory charges)은 보험상품의 관리(administration)와 관련된 전반적인 비용을 의미한다. 신계약비용(acquisition charges)은 중개인이 상품을 판매하고 계약을 체결하는 과정에서 지급받는 보수 및 수수료를 의미한다.

- 상업비용(Commercial charges, "유형 c" 비용): 이 비용은 보험료를 기준으로 산정되며, 보험료 납입일에 따라 부과된다. 단, 보험료가 실제로 납입된 경우에만 적용되며, 보험료의 일정 비율(%) 또는 함수로 계산된다. 상업비용은 다음과 같이 세분화할 수 있다:

  ○ c1: 모집수수료(commission, %)
  ○ c2: 계약관리비용(administration, %)

○ c3: 상품개발/기획비용(production, %)

여기서 총 상업비용은 c = c1 + c2 + c3이다.

• 재고비용(Inventory charges, "유형 b" 비용): 이 비용은 이론적 해약
환급금(surrender value)을 기준으로 산정되며, 전체 계약기간 동안
지속적으로 비용이 발생하는 것으로 가정하여 분산(이연상각)된다.
재고비용은 다음과 같이 세분화할 수 있다:

○ b1: 약정된 책임의 현재가치의 일정 비율(%)
○ b2: 사망급부(death benefit)의 일정 비율(%)
○ b3: 생존급부(survival benefit)의 일정 비율(%)

• 신계약비용(Acquisition charges, "유형 α" 비용): 신계약비용(acquisition
charges)은 계약의 체결시점에 발생하는 비용으로, 계약 기간에 걸쳐
점진적으로 인식된다(gradually acquired). 중개수수료 등으로 발생
하는 비용이 대표적이며, 통상적으로 계약 체결 후 일정기간 내에 계
약이 해지되는 경우 환수대상이 될 수 있다.

1. 비용구조: 재고비용 - 재고기준보험료

순수보험료(pure premium)에 "유형 b" 비용(재고비용, inventory charge)

이 추가되면 이를 재고보험료(inventory premium)라고 하며 일반적으로 P'로 표기한다.

(f. II. 28) $\quad P' = P + $ 재고비용(bi)

- b1: 계약상 약정의 현재가치(b1)
- b2: 사망 시 지급되는 급부(b2)
- b3: 생존 시 지급되는 급부(b3)

이때 재고비용(bi)은 다음 항목에 부과될 수 있으며, 누적 적용도 가능하다:

b1: 연금자산 적립이나 정기적인 연금지급을 위한 비용 항목으로 부과될 수 있다. 적립 목적일 경우, 계약상 약정의 현재가치(책임준비금 또는 해약환급금)에 부과된다. 이때 책임준비금은 표준요율 i보다 낮은 이율 i'를 적용하여 계산하며, 두 이율 간의 차이는 다음과 같이 정의된다.

(f. II. 29) $\quad 1 + i' = (1 + i) \times (1 - b1) \quad$ 예) b1 = 0.0025

정기 연금 지급을 위한 비용으로 부과되는 경우, 다음과 같은 산식이 적용된다:

(f. II. 30) $C^{'} = (1 + b1) \times C = (1 + b1) \times R \times a$ 예) $b1 = 0.03$ 연간지급

이 경우 b1은 지급주기(periodicity)에 따라 달라질 수 있다.

b2: 사망 시 지급되는 선지급 연금(annuity paid in advance)에 비례하여 부과된다.
b3: 생존 시 지급되는 선지급 연금에 비례하여 부과된다.

이연 연금자산(deferred capital)의 경우:

(f. II. 31) $_nE_x^{'(b1)} = {}_nE_x^{(b1)} + b_3 \times \ddot{a}_{x:n}^{(b1)}$

연간선납보험료의 경우:

(f. II. 32) $P^{'} = {}_nE_x^{'(b1)} / \ddot{a}_{x:n}^{(b1)}$

2. 비용구조: 신계약/감소 비용 - 감소 보험료

재고보험료(inventory premium)에 α유형 비용(즉, 신계약비용 또는 감

소비용[18])이 추가될 경우, 이를 감소보험료(reduction premium)라고 하며 로 표기한다.

(f. II. 33)　　　$\widehat{P} = P' + 인수비용(\alpha)$

이 비용은 계약 체결 직후 확정되는 것이 아니라, 일정기간이 경과한 후 중개인(모집인)에게 지급이 확정된다. 이러한 방식을 질머 방식(Zillmerisation[19])이라고 한다.

그러나 퇴직연금 또는 단체보험에서는 일반적으로 신계약비용(acquisition charge)이 존재하지 않으므로, $\alpha=0$이며 결과적으로 $\widehat{p}$ = P'가 된다.

3. 비용구조: 상업 비용 - 상업 보험료

감소보험료(reduction premium)에 유형 c 비용(상업비용, commercial charge)이 추가될 경우, 이를 상업보험료(commercial premium)라고 하며 일반적으로 P"로 표기한다.

---

18)　감소 비용(reduction charges)은 신계약 비용과 반대로 보험의 계약을 해지하거나 변경 시 발생하는 비용이다.

19)　계리사 August Zillmer에 의해 도입된 비용 할당 방식으로, 계약 초기에 발생하는 비용, 즉 중개인 수수료나 초기 관리비용 등을 계약 기간 동안에 보험료에 분산시켜 부과한다. 따라서 이 비용은 계약이 시작된 후 일정 기간이 지나야만 중개인에게 정식으로 지급된다.

(f.II.34) $P'' = \hat{P}$ (또는 $a = 0$일 경우 P') + 상업 비용 (ci)

상업비용은 보험료(여기서 $c = c_1 + c_2 + c_3$)에 대한 일정 비율을 적용하여 산출되며, 해당 보험료가 납입되는 시점에 비용으로 인식(consumed)된다. 또한, 고정 금액으로 부과하는 것도 가능하다.

이연된 연금자산(deferred capital)에 대한 보험료는 다음과 같다:

(f.II.35) $$P'' = \frac{\left[{}_nE_x^{(b1)} + b_3 \times \ddot{a}_{x:n}^{(b1)} \right]}{(1-c) \times \ddot{a}_{x:n}^{(b1)}}$$

따라서 P''는 비용구조(b1, b3, c)를 모두 반영한, 1의 연금자산을 확보하기 위해 매년 기시급으로 납입해야 하는 보험료(기여금)를 의미한다. 이때 P''의 역수는, 매년 1을 기시급으로 납입했을 때 적립가능한 연금자산의 크기를 나타내며, 이는 곧 ACR가 된다.

4. 예제

이 장 앞부분(II.9절 참조)에서 사용된 예제는 책 전반에 걸쳐 동일하게 활용된다. 이번 절에서는 기존에 반영된 '유형 c' 비용에 더하여, '유형 b' 비용을 통합한 확장된 요율구조를 적용하고, 이러한 비용이 고용주와 가입자의 기여금 수준에 어떤 영향을 미치는지를 평가한다.

요율구조에 포함된 항목은 다음과 같다:

- b1 = 0.0025(신규 적용)
- b3 = 0.00025(신규 적용)
- c = 0.05(기존 계산에 이미 포함)

계산은 시점 t=27, 즉 가입자가 57세일 때 수행된다.

- 가입(등록) 시 가입자 연령: 30세
- 계산시점 (t=27)에서의 가입자 연령: 57세
- 시점 t까지 가입기간: 27년
- 연금개시연령(65세)까지의 전체 가입기간: 35년
- 임금상승률(연 4%)을 적용한 현재 연간 임금: $S_{01/01/2017}$ = 50,000 × 1.04^{27} = 144,168.43
- 연금자산 목표 C 계산: C = 35/40 × (2 × 51,206.59 + 8 × 92,961.84) = 740,344.42

유형 b 비용이 반영된 요율구조의 영향 계산?

A-1. 시점 t=27 기준 8년 후(65세)까지 생존할 경우 지급되는 1의 현가계수 계산?

$_8E_{57}$ = 0.758898 (기존값 0.743852, 할인율 3.25%)

해설: 등식 (f.II.28)을 적용하면, 비용 b1 반영으로 기존 할인율 3.25%

는 다음과 같이 2.991875%로 조정된다.

$(1 + 3.25\%) \times (1 - 0.0025) - 1 = 2.991875\%$

여성생명표(FR)에 이 할인율을 적용하면, $_8E_{57}$은 0.758898로 계산된다. 이는 57세의 여성이 8년 뒤(65세)에 생존할 경우 지급되는 1의 현재가치이며, 사망확률 및 이자율을 고려한 순수생존보험의 현재가치에 해당한다.

A-2. 시점 t=27 기준 8년 동안 매년 기시급으로 지급된 연금의 현가계수 계산?

$ä_{57:8}$ = 7.131194 (기존값 7.072273, 할인율 3.25%)

해설: 여성생명표(FR)에 할인율 2.991875%을 적용하면, $ä_{57:8}$은 7.131194로 계산된다. 이는 57세의 여성이 이후 8년 동안 생존하는 한, 매년 기시급으로 지급되는 1의 현재가치이며, 사망확률 및 이자율을 반영한 정기생명연금의 현재가치에 해당한다.

A-3. 시점 t=27 가입자가 부담하는 연간 기여금 PC 계산?

PC_{27} = 144,168.43 × 2% = 2,883.37(변동 없음)

해설: 시점 t=27에서 가입자의 연간 기여금은 연임금 144,168.43의 2%인 2,883.37로 산출된다. 비용 b1과 b2가 반영하더라도 기여율 자체는 고정된 비율이므로, 가입자가 부담하는 연간 기여금에는 변동이 없다.

A-4. 시점 t=27 가입자 부담 연금자산 목표 CC 계산?

b1 비용을 반영한 ACR_t 공식은 다음과 같이 정의된다.

$$ACR_t = \frac{(1-c) \times \ddot{a}_{x:n}}{{}_nE_x + b_3 \times \ddot{a}_{x:n}} = \frac{(1-c)}{\frac{{}_nE_x}{\ddot{a}_{x:n}} + b_3}$$

$$ACR_{27} = \frac{(1-0.05)}{\frac{0.758898}{7.131197} + 0.00025} = 8.906018$$

CC_{27} = 111,962.19 + (2,883.37 - 2,772.47) × 8.906018 = 112,949.87

CC_{27} = 112,949.87 (기존값 118,087.73)

해설: 이전 시점(t=26)까지의 누적 연금자산 목표는 111,962.19이다. 임금상승에 따라 기여금이 전년 대비 100.90 증가하였고(2,883.37 - 2,772.47 = 110.90), 이를 조정된 연간기여율(ACR_{27}) 8.906018과 곱하면 추가로 확보해야 할 연금자산은 987.68이다. 이는 비용 b1, b3 반영 이전의 값(118,087.73)보다 낮아지는데, 이는 비용구조가 보험료 산출 과정에서 할인율 조정 및 지급구조 조정을 통해 반영되었기 때문이다. 이에 따라 가입자가 부담할 총 연금자산 목표(CC_{27})는 112,949.87이다.

A-5. 시점 t=27 고용주 부담 연금자산 목표 CA 계산?

C_{27} = 740,344.42, CC_{27} = 112,949.87, CA_{27} = C_{27} - CC_{27} = 627,394.55

해설: 시점 t=27 기준 전체 연금자산 목표는 C_{27} = 740,344.42이다. 이 중 가입자가 부담할 수 있는 부분은 CC_{27} = 112,949.87이므로, 잔여 부분인 627,394.55를 고용주가 부담해야 한다.

A-6. 시점 t=27 고용주 부담 연간 기여금 PA 계산?

ACR_{27} = 8.906018

PA_{27} = 23,980.36 + (627,394.55 − 588,600.56) / 8.906018 = 28,336.17

PA_{27} = 28,336.17(기존값 27,583.19)

해설: 시점 t=26에서의 고용주 PA_{26} = 23,980.36이다. 이번 해에 고용주가 추가로 적립해야 하는 연금자산 목표 증가분은 (627,394.55 − 588,600.56) = 38,793.99이며, 이를 새로운 연간 기여율 ACR_{27} = 8.906018로 나누면 4,355.81이 된다. 따라서 고용주는 기존 기여금에 이 추가분을 더한 28,336.17을 시점 t=27에 납부해야 한다. 이는 이후 매년 동일한 금액을 8년간 기시급으로 납부할 때, 고용주의 연금자산 목표 CA_{27} = 627,394.55를 충족하게 된다

확정된 연금 수급권

확정된 연금 수급권

III.1. 가입자 · 수급자의 관점에서 본 연금의 정의

연금은 공적연금이든, 고용관계에 기반한 민간퇴직연금이든, 본래 의도된(intended) 대상자에게 "귀속되어야(belong to)" 한다. 그러나 이 주장이 실제로 무엇을 의미하는지는 두 가지 관점에서 논의될 수 있다.

첫 번째는 연금 수급권의 "발생(accruing)" 과정과 그 권리가 "확정(vesting)"되는 과정에 관한 것이며, 두 번째는 연금 수급권을 "보호(protection)"하고 "보전(preserving)"하는 문제이다. 이 중 후자는 제4장에서 더 자세히 다룰 예정이다.

앞서 살펴본 바와 같이, 연금의 재원은 가입자의 근속기간 동안 적립 단계에서 점진적으로 쌓여 간다. 이는 일정 기간 동안 부의 이전(wealth transfer)을 가능하게 하는 적립방식(capitalisation)을 통해 형성되며, 경우에 따라 외부펀드에 적립되기도 한다. 그렇다면, 기금 내 화폐가치로 표현된 이러한 연금의 "발생분(accruals)"은 과연 누구에게 귀속되는 것일까?

III.2. 연금혜택의 발생과 확정

연금의 수급권(pension entitlement)이 제도적으로 보호되고, 이미 발생한 연금급여(accrued benefit)의 금액이 소급적으로 감소할 수 없는 경우[20], 해당 연금급여는 "발생(accrued)"한 것으로 간주된다.

또한 연금급여에 대해 가입자 또는 수급권자가 현재 혹은 미래에 해당 급여를 수급할 수 있는 즉각적이고(immediate) 확정된(fixed) 법적권리를 취득한 경우, 이 급여는 "확정(vested)된 것"으로 본다.

수급권 확정의 범위는 가입자 또는 수급자에게 이전되는 권리의 양과 권리가 확정되는 시점에 의해 결정되며, 그 성격은 법적 구속력이 있는 제도적 장치의 강도에 따라 달라질 수 있다.

수급권 확정(vesting)을 설명할 때 흔히 "단계별(step-rate)" 또는 "절벽식(cliff)" 확정이라는 용어가 사용된다. 이는 가입자가 수급권을 확보하기 위해 일정 기간을 기다려야 함을 의미한다. 단계별 확정은 일정기간마다 수급권이 단계적으로 증가하는 방식이다. 절벽식 확정은 일정기간 동안 수급권이 전혀 발생하지 않다가, 특정시점에 이르면 대부분 또는 전체 수급권을 한 번에 받는 방식이다. 이 대기기간이 지나면 가입자는 과거 근속기간에 대한 대부분의 수급권이 소급적으로 부여된다. 따라서 이러한 수급권 확정은 시간에 따라 급격하게 증가하는 '수직 기울기(vertical slope)를 가진 단계 함수(step function)'로 볼 수 있다.

---

20) 수급자가 이미 획득한 수급권이 소급적으로 변경되거나 취소되지 않는 것

다른 제도에서는 수급권이 시간의 경과에 따라 비례적으로 확정되기도 하며, 이는 점진적으로 증가하는 함수의 형태로 나타난다. 일정기간이 경과하면 과거 근속기간에 대한 수급권이 완전히 확정된다.

이러한 수급권 확정 규정은 해당 국가의 현행 법령에 따라 퇴직연금제도의 설계 시 반영된다. 보호 관점에서 보면, 특히 근로자가 직접 기여금을 부담하는 경우 수급권은 가급적 즉시 확정되는 것이 바람직하다. 반면, 퇴직연금 부담의 대부분을 책임지는 고용주는 근로자의 이직을 방지하기 위한 인사전략(human resources)의 일환으로 수급권 확정을 유예하려 할 수 있다. 즉각적인 수급권 확정이나 짧은 대기기간은 고용주에게 추가적인 비용을 유발할 수 있으며, 법적 제한이 없는 상황에서 구직자에게 유리한 노동시장 환경일 경우, 이러한 비용은 연금제도 설계에 중요한 영향을 미칠 수 있다.

III.3. 수급권 확정과 조기퇴직

수급권 확정은 가입자가 조기퇴직(early leaving)할 가능성(또는 리스크)과 밀접한 관련이 있다. 조기퇴직은 가입자가 퇴직연금제도의 기반이 되는 고용관계를 예상보다 일찍 종료할 때 발생한다. 이 경우 이미 발생한 연금급여나 수급권을 어떻게 처리할지가 중요한 문제가 된다.

관련 법령이나 퇴직연금제도의 약관은 일반적으로 조기퇴직자에게 제공될 수 있는 여러가지 선택권을 규정한다. 일부 법률에서는 연금제도 운영자(plan organiser)나 연금사업자(pension provider)에게 이러한 선택지를 명시적으로 정리하고, (전)가입자에게 안내할 의무를 부과하고 있다.

조기퇴직자가 선택할 수 있는 대표적인 대안은 다음과 같다:

- 잔류 옵션: (전)가입자는 추가적인 기여금 납입 없이 (전)고용주의 퇴직연금제도에 계속 잔류할 수 있다. 다만 이 경우, 제도 내에서의 지위는 제한되며, 실질적으로는 축소된 형태의 보장만 유지된다;
- 이전 옵션: (전)가입자는 이미 확정된 수급권(vested rights)을 다른 퇴직연금제도로 이전할 수 있다. 이때 이전은 기존 연금사업자가 관리하는 제도(단, (구)고용주와 더 이상 연결되어 있지 않음)나 새로운 고용주와 연계된 새로운 퇴직연금제도로 이전할 수 있다.

대부분의 경우, 계리사는 관련 법령 또는 구속력 있는 제도 규정에 따라 개별 사례별로 각 선택지에 대한 가치계산을 수행하게 된다.

III.4. 수급권 확정을 위한 법적 구속체계

수급권 확정의 원리는 각국의 법적·제도적 체계에 따라 다르게 적용된다. 일부 국가는 매우 강력하고 즉각적인 수급권 확정 규정을 두는 반면, 다른 국가는 그 권한을 연금제도의 운영주체에 상당 부분 위임하기도 한다. 이러한 차이는 다음과 같은 요인에 의해 결정된다:

- 연금제도의 유형
- 제도의 의무성 여부(법적으로 의무인지, 자발적인지)
- 공적연금 또는 직역연금 여부
- 연금제도의 운영주체
- 연금제도의 구조(확정기여형(DC) 또는 확정급여형(DB))

　수급권 확정 규정은 연금 관련 법령뿐만 아니라 노동법, 사회보장법에도 근거를 두며, 노동조합이 단체교섭을 통해 제도 설계에 참여할 경우 그 영향이 더욱 강하게 반영된다. 또한 연금사업자가 보험사일 경우, 보험업법이 중요한 법적 근거로 작용할 수 있다.

　사회적 의사결정자와 연금사업자의 상호작용, 그리고 고용주·근로자가 처한 다양한 상황은 수급권 보호와 확정에 영향을 미친다. 이처럼 복잡한 제도 환경에서 관련 법률은 반드시 실질적으로 작동해야 한다. 그림 III.1은 연금제도의 시간 경과에 따라 발생할 수 있는 다양한 상황을 도식화한 것이다.

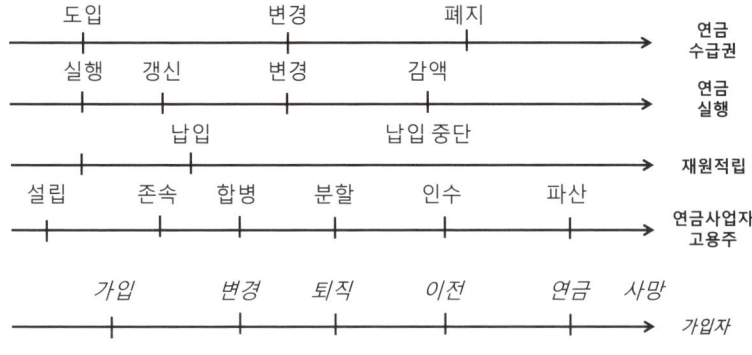

그림 III.1. 연금 수급권에 영향을 주는 요소들

연금제도 및 연금수급권은 법적으로 독립적인 체계를 가진다. 따라서 미래의 연금 지급 계획이나 약속은 반드시 계약서나 법적 문서에 명문화되어야 하며, 다음의 항목을 포함한다:

• 약정된 연금급여에 대한 구체적인 설명;
• 연금제도의 가입자 및 수급권자에 대한 정의;
• 재원적립방식 및 기준에 대한 규정;
• 연금제도의 관리 및 운영 절차.

퇴직연금제도는 시간이 지나면서 변경되거나 신규 가입자에게만 종료될 수 있으나, 이미 약정된 연금권리는 반드시 이행되어야 한다. 일부 국가는 이를 보장하기 위해 고용주 외부의 독립 법인이나 연금사업자를 통한 자산운용을 의무화하지만, 다른 국가는 고용주의 자체 회계에 책임준비금을 설정하는 방식도 허용한다.

퇴직연금제도의 실행과 운영은 특정 연금사업자에게 위탁될 수 있으며, 이는 이후 갱신, 변경, 수정이 가능하다. 또한 제도의 운영이 중단되거나 다른 연금사업자에게 이전될 수도 있다. 재원적립은 주로 주로 고용주에 의해 이루어지며, 경우에 따라 가입자에 보충한다. 그러나 심각한 경제 상황 또는 경영 악화 등의 경우에는 적립이 중단될 수 있다. 또한, 연금제도 후원자인 기업은 인수·합병(M&A), 분할, 인수, 청산 또는 파산 등의 구조적 변동을 겪을 수 있으며, 이는 연금제도의 지속성과 수급권 보장에 영향을 미칠 수 있다.

또한 기업이 재무적으로 건전하고 안정적이더라도, 가입자의 상황은 언제든지 변할 수 있다. 예컨대, 근무 형태, 신분 변동, 조기 퇴직, 이직, 또는 사망 등은 모두 수급권 보장과 확정 과정에 영향을 줄 수 있다.

제3장 후반부 "벨기에의 연금 수급권 확정"에서는 연금사업자에게 법적 구속력이 있는 사회보장법, 건전성 규제(prudential legislation), 기술적 법률(technical legislation)이 결합된 체계 아래에서 직역연금에 적용되는 구체적인 수급권 확정 규정과 계산 메커니즘을 설명한다.

본절에서는 예제를 통해 다양한 요소 간의 상호작용이 수급권 확정에 어떻게 작용하는지, 특히 조기퇴직이 수급권에 미치는 영향을 명확히 보여 줄 것이다.

III.5. 수급권 확정 vs. 재원적립 - 과소적립/초과적립

수급권 확정(vesting)은 확정된 권리(vested rights)로 이어진다. 이러한 확정된 권리는 일반적으로 확정된 준비금(vested reserves)과 확정된 급여(vested benefits)의 두 가지 형태로 나타난다.

→ 확정된 급여(vested benefits): 재직 중인 가입자가 법적으로 확보한 권리. 이는 연금수급연령에 도달했을 때 받을 누적급여(accrued benefits)를 금전적 가치로 환산한 것이다.

→ 확정된 준비금(vested reserves): 확정된 급여의 현재가치. 이는 할인율, 생명표 등 계리적 가정(actuarial assumptions)에 따라 산출되며, 경우에 따라 법적으로 강제되는 제도적 기준에 포함되기도 한다.

즉, 어떤 방식으로 정의되든(구체적인 사례는 아래의 "벨기에의 연금수급권 확정"을 참조), 확정된 수급권을 보장하기 위한 사회적 기준이 존재한다. 사회보장 규제는 일반적으로 과거 근속기간에 대한 재원적립(funding past service)을 단기목표(제2장 II.5절 참조)로 설정한다. 이는 지금까지의 근속기간에 따라 발생한 누적급여에 대한 재원만큼은 반드시 적립해야 하며, 이를 연금제도의 최소 요건으로 본다. 다만, 연금제도의 유형[21]에 따라 이러한 사회적 기준과 실제 재원적립 상태 간에는 차이가 발생할 수 있다.

그림 III.2는 위 설명을 시각적으로 도식화한 것이다.

---

21) 연금의 재원적립, 계산, 지급, 운영 및 관리와 관련된 모든 활동을 포괄하는 의미

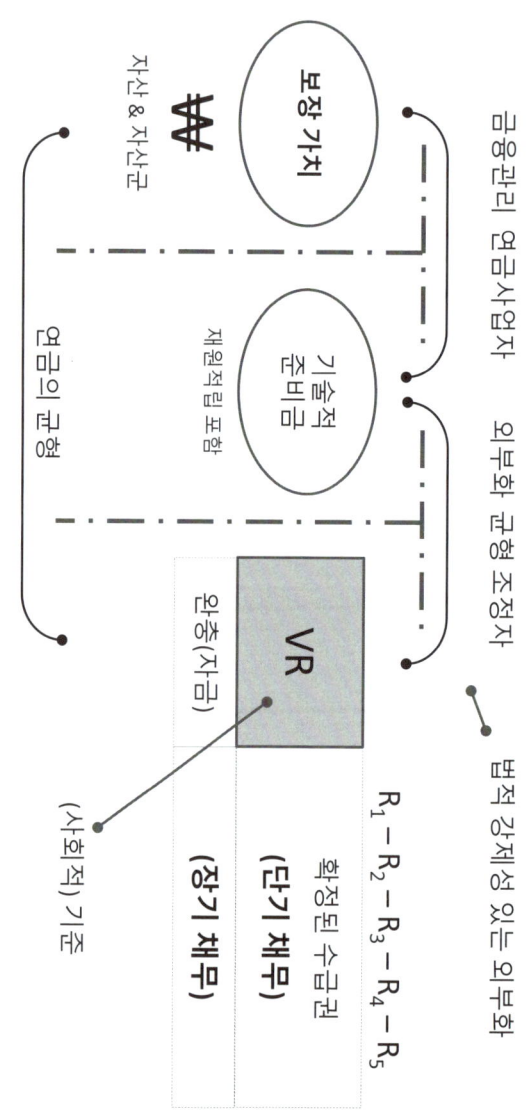

그림 III.2. 연금의 사회적 기준과 재원적립

연금사업자의 형태에 따라서도 재원적립의 성격은 달라진다(삼각관점에 대해서는 제2장 II.3절 참조).

→ 보험사 관점: 보험사에서 운영되는 퇴직연금의 경우, 주요 기금의 화폐가치는 보험사의 재무상태표의 기술적 충당금(계리적 책임준비금)과 재정적 균형(financial balance)을 이루어야 한다. 즉, 보험사의 지급 능력이 확보되어야 수급권 보호가 가능하다.

→ 고용주 관점(plan sponsor): 고용주의 재무제표에서는 연금약정의 외부화(externalisation)로 인해 발생한 자산 및 부채가, 관련 법령에 따라 책임준비금(보험사가 고용주에 대해 부담하는 채무)과 확정된 준비금(고용주가 가입자에 대해 부담하는 채무)으로 구분된다. 이는 법적으로 수급권 보호의 기준선 역할을 한다.

→ 순수 연금기금 관점: 연금기금의 재무상태표에는 가입자의 확정된 수급권이 곧바로 부채로 인식된다.

연금사업자가 보험사인 경우, 가입자의 확정된 권리를 보험사의 직접 부채로 계상되지 않고, 대신 기술적 준비금이라는 형태로 반영된다. 이는 확정된 수급권이 보험사의 재무상태표에 직접적인 부채로 계상되지 않고, 대신 기술적 준비금이라는 형태로 반영된다. 이는 연금기금은 연금약속의 주체인 반면, 보험사는 계약상 서비스 제공자(provider)로 기능한다는 점에서 발생하는 차이이다.

이러한 고려사항들은 제4장에서 보다 심층적으로 다룰 것이다. 이 장의 후반부에서는 과소적립(underfunding) 문제를 다룰 것이다. 즉, 재직 중인 가입자와 조기퇴직자의 경우, 계리사가 과소적립 상태를 어떻게 측정하고 계산하는지 구체적인 예제를 통해 설명하겠다.

벨기에의 연금 수급권 확정

1. 연금 관련 법적 환경

벨기에의 연금 관련 법체계(노동법/사회법)에서는 수급권 확정이 사회적 또는 직업적 범주에 따라 다르게 적용된다. 이는 임금 근로자(employees), 자영업자(self-employed), 회사 임원(self-employed company directors)의 세 가지 범주로 구분된다. 이 중 회사 임원은 기업 내에서 활동하는 임원이나 관리자로 독립계약자(법인형태의 자영업자)를 가리키며, 자영업자는 개인사업자로 독립적으로 활동하는 경우를 의미한다.

본 절에서는 이 중 고용주와 근로계약을 맺은 임금근로자를 대상으로 한 퇴직연금제도에 초점을 맞춘다. 이는 고용주가 지원하는 이주연금(2nd pillar pension)이며, 주로 보험사와 같은 연금사업자에 의해 운영된다.

수급권 확정에 적용되는 벨기에 주요 법령

임금 근로자를 위한 보충연금제도(complementary pensions):

- 임금 근로자를 위한 보충연금법(Complementary Pensions for Wage-Earners Act, 이하 CPA) - 2003년 4월 28일 제정
- CPA 및 연대제도의 시행을 위한 왕령(이하 RDCPA)-2003년 11월 14

일 제정

기타 주요 사회법령에는 경제활동의 조직 및 규제, 근로자 보수 보호, 반차별 관련 법령 등이 포함된다.

수급권 부여에 영향을 미치는 보험법:
- 보험업 관리법(Control Act on Insurance Undertakings)의 시행을 위한 왕령, 이하 RDLife - 2003년 11월 14일 제정, 부양위험[22](dependency risks) 관련 규정

책의 집필 시점에 본 왕령은 개정 작업이 진행 중이었다. 위에서 제시한 법령 목록은 모든 관련 법률을 망라하지는 않는다. 또한 각 법령은 개정 될 수 있다. 주요 법령은 벨기에 금융서비스시장청(FSMA), 벨기에 국립 은행(NBB), 벨기에 관보(Gazette/eJustice) 등을 통해 확인 가능하다.

2. 퇴직연금제도 계약서: 주요 정보의 출처

사회연금법은 고용주(또는 회사)가 근로자 및 임원, 그리고 자영업자가 설정하는 퇴직연금약정에 강력한 영향을 미치는 법적 틀을 제공한다. 이

---

22) 피보험자 또는 연금 가입자가 노령, 장애, 질병 등으로 인해 부양을 필요로 하는 상태가 될 위험을 의미

법적 체계는 일부 조항에 대해서는 엄격한 요건을 규정하면서도, 다른 부분에 대해서는 일반적 기준(general guidelines)을 제시하여 연금제도의 설계자가 일정한 재량권을 가질 수 있도록 한다.

전형적인 사례가 반차별법(anti-discrimination legislation)이다. 이 법은 연금급여, 가입자, 수급자 등의 개념을 개방적으로 정의(open rules)하면서도, 법적 범위 내에서 다양한 연금제도 설계를 허용한다.

반면, 수급권 확정(vesting)과 확정된 수급권(vested rights)에 관한 규정은 비교적 엄격하고 폐쇄적으로 정의되어 있다. 다만, 연금제도의 설계 주체(plan organiser)는 법률이 요구하는 최소 요건보다 더 강력한 확정 규정을 스스로 적용할 수 있다. 설령 이러한 규정이 고용주에게 더 큰 재정적 부담이나 운영상의 제약을 가져오더라도, 법률은 그것을 사회적 권리를 보장하기 위한 최소 기준(minimum conditions)으로 간주한다.

특히, 벨기에 연금법은 퇴직연금제도 계약서에 정상적인 연금수급연령(normal pension age)을 반드시 명시하도록 규정한다.

대부분의 연금제도 계약서는 현재까지 연금 개시의 단일 시점(R)만을 정의해 왔다. 즉, 이 시점부터 정기적인 연금지급이 시작되거나, 혹은 적립된 연금가치(pension value)를 일시금(lump sum)으로 지급될 수 있다.

그러나 최근에는 연금수급연령을 근로와 퇴직 사이의 고정된 단일 시점이 아니라 일정한 기간으로 인식하는 추세가 확산되고 있다. 이러한 변화는 근로자가 부분적 은퇴를 선택하여 근로소득과 연금소득이 결합된 하이브리드 소득 구조를 형성하는 것을 가능하게 한다. 따라서 확정된 수급권을 산출하는 계리적 공식도 점차 이러한 이중적 유연성(double flexibility)을 반영해 나가야 한다.

3. 확정된 수급권의 표준 표기법

벨기에 법제에서는 확정된 수급권을 계산하는 공식을 명확히 하기 위해 표준 표기법을 정의한다. 본 절에서 사용하는 기호와 정의는 벨기에 보험사업자협회(Assuralia)가 발간한 기술 핸드북(Vademecum)의 방식을 일부 준용하였다.

3.1. 시점을 나타내는 표기법

그림 III.3은 다음과 같은 시점들이 표기된 시간지평을 나타낸다:

그림 III.3. 시간지평과 시점

- es: 근무시작 시점, 근속연수를 계산할 때 기준이 되는 시점이며, 보통 퇴직연금의 총 근속기간 계산의 시작점이 됨
- a: 연금제도 가입일, 연금제도에 공식적으로 등록된 시점으로, 근무 시작일과 반드시 같지는 않으며 적립이 개시되는 시점과 관련됨
- 96: 1996년 1월 1일, 기존 체계에서 새로운 규정체계로 이행되는 기산일 변경에 주로 활용됨

- t: 평가시점(임의의 시점), 수급권 평가 또는 책임준비금 산출 지점으로 $V(t)$로 표기되는 책임준비금 등과 관련됨
- R: 연금지급 개시시점, 계약상 연금지급이 시작되는 시점으로, 연금의 현재가치 평가 및 수급권 확정과 관련됨

3.2. 기간을 나타내는 표기법

기간은 일반적으로 두 시점 간의 차이를 연도와 월 단위로 정의한다. 퇴직연금제도에서는 월을 기본 단위로 사용하는 것이 일반적이다.

기간은 다음과 같이 표기된다:
- $n(x, y)$: 시점 x와 시점 y 사이의 기간을 연도 및 월 단위로 표시한 값

예를 들어:
- $n(es, R)$은 근무시작 시점(es)과 퇴직시점(R) 사이의 총 근속기간(연도 및 월)을 의미한다. 이는 퇴직연금제도에서 인정되는(recognized) 전체 근속연수이며, 이전 장에서는 단순히 "N"으로 표기하였다.
- $n(a, t)$는 연금제도 가입 시점(a)부터 계산시점(t)까지의 근속기간을 나타낸다. 이는 계산시점까지 누적된 과거 근속기간이며, 앞 장에서는 "N1(t)"으로 표기하였다. 단, 일부 연금제도에서는 이 과거 근속기간이 인정되지 않을 수 있다.

3.3. 연금급여의 표기법

퇴직연금제도 계약서에서는 연금급여가 다양한 방법으로 정의될 수 있

다. 오늘날의 기업연금제도(occupational pension plans)에는 많은 맞춤형 조항이 포함한다.

일반적으로 연금급여는 다음과 같이 표기된다.
- P(t, xy): 시점 x와 시점 y 사이의 근속기간(duration)을 고려하여, 퇴직연금제도 계약에 따라 시점 t에서 평가한 연금급여의 가치를 나타낸다.

예를 들어:
- P(t, aR)는 과거 근속기간이 인정되지 않는 경우, 전체 근속기간을 기준으로 계산시점 t에서 평가한 연금급여의 가치를 나타낸다.

4. 확정급여형의 확정된 수급권 연금수리

확정급여형 제도에서 개별적립방식에 따른 확정된 수급권을 계산하기 위해서는, 법률로 정의된 5가지 핵심 개념을 명확하게 반영해야 한다. 이 개념들은 다음과 같다.

1) 최소 책임준비금(the minimum reserve): RDCPA 제10조에 따라 R1으로 표기된다.
2) 계리적 책임준비금(the mathematical reserve): RDCPA 제6조 및 RDLife 제52조에 따라 R2로 표기된다.

3) CPA책임준비금(the reserve CPA): CPA 제19조 및 RDCPA 제6조에 따라 R3로 표기되며, 가입시점에 따라 다른 조항이 추가로 적용된다. 1996년 1월 1일 이후 가입자는 RDCPA 제10조 및 제11조와 함께 병행하여 적용되며, 1996년 1월 1일 이전 가입자는 RDCPA 제12조, 제13조, 제14조가 적용된다.

4) 퇴직연금제도 계약서에 정의된 책임준비금: R4로 표기된다.

5) 최소 보증금액(the minimum guarantee): R5로 표기된다.

따라서 시점 t에서의 확정된 준비금(VSTR(t))은 4가지 핵심 개념 중 최대값으로 계산된다:

(f. III. 1) $VSTR(t) = MAX(R1, R2, R3, R4)$

또한, 조기퇴직, 정년퇴직, 또는 연금제도의 중단(plan termination)과 같은 특정 상황에서는 최소 보증금액 R5도 고려되어, 5가지 개념 중 최대값이 확정된 준비금으로 산출된다:

(f. III. 2) $VSTR(t) = MAX(R1, R2, R3, R4, R5)$

집단적립방식에서는 계리적 책임준비금 R2에 대한 개별적인 산정 형태가 없기 때문에, 위 공식에서 최대값(maxima)은 R2를 제외하고 산정된다. 또한 일부 Rx 개념은 과거 법령에 따른 계산 방식이 여전히 유지되면서 과도기적 성격을 가진다. 예를 들어, 특정 Rx 항목에서는 1996년이 전환 기준 시점으로 작용하며, 다른 항목에서는 2004년이 기준 시점이 된다. 1996년은 구(舊) 사회연금법("Colla" 법)의 도입된 해이고, 2004년은 현행 사회연금법("Vandenbroecke" 법)이 제정된 해이다.

연금제도는 오랜 기간 운영되므로, 그 기간 동안 여러 차례 법령 개정이 불가피하다. 새로운 법령이 도입될 때, 기존 가입자에게는 이전 규칙을 유지할지 혹은 새로운 규칙을 적용할지를 반드시 결정해야 한다. 따라서 연금제도의 연속성과 가입자의 권리 보호를 위해, 새로운 규정이 과거 가입자에게 미치는 영향을 조정하는 특별 규칙이 필요하다. 이어지는 장에서는 이러한 과도기적 조치(transitional measures)가 계리 계산에 미치는 영향을 함께 다룰 것이다.

4.1. R1, 최소 책임준비금(Minimum Reserve)

RDCPA 제10조에 따른 최소 책임준비금 R1은, 퇴직연금제도 계약서에 약정된 전체 연금급여의 일정비율을 기준으로, 생존조건부 지급(life contingent value)에 대한 현재가치를 기준으로 산정한 것이다:

$$(\text{f. III. 3}) \qquad R1(t) = \frac{n(es, t)}{n(es, R)} \times P(t, esR) \times f_{t,R}^{**}$$

즉, 과거와 미래를 포함한 인정된 전체 근속기간 대비 계산시점까지의 근속기간 비율에 따라, 전체 연금급여를 분할하여 현재가치로 평가한 금액이다. 다시 말해, 전체 근속기간 중 과거에 이미 획득된 근속분에 해당하는 연금급여의 현재가치가 최소 책임준비금이 된다.

RDCPA 제10조 제3항은, 퇴직연금계약에서 인정된 최대 근속기간까지만 계산대상으로 삼도록 규정한다. 다만, 향후 전체 근속기간 대비 비율[23](N/N)을 상한으로 하는 규정(unity of career 규칙)이 입법 개정으로 폐지될 경우, 이 제한은 달라질 수 있다. 또한 제10조 제4항은 인정된 근속기간은 반드시 수급권 산정에 반영해야 한다는 점을 명시한다.

전환적 조치:

1996년 1월 1일 이전에 퇴직연금제도에 등록된 가입자나 피보험자의 경우, 인정되는 근속기간은 연금제도 등록 이후의 기간으로만 한정된다. 따라서 등록 이전의 과거 근속기간은 계산에서 제외되며, 계산의 기준 시점도 근무시작일 "es"가 아니라 등록일 "a"가 된다.

현재가치 산정(actualisation)은 RDCPA 제10조 2항에 따라 수행되며, 이 책이 집필된 시점에서는 연 6%의 할인율과 가입자의 성별에 따른 생명표(MR/FR, 제1장 참조)가 적용된다.

4.2. R2, 계리적 책임준비금(Mathematical Reserve)

개별적립방식에서 계리적 책임준비금 R2는 연금사업자의 요율구조에 따라 산출된다. 이때 적용되는 법적 틀은 확정 수급권 관련 법령인 사회보장법과 재원적립 관련 법령인 기술법을 연결하는 보험업법이다.

특히 기술법은 RDLife 제52조를 근거로 하며, 해당 조항은 확정급여형 제도에서 고용주 기여금을 제외한 개인의 기여금으로 적립된 책임준비금은, 이익배분까지 포함하여 해당 개인에게 귀속된다고 규정하고 있다.

---

23) 등식 (f.II.20)의 경우처럼 최대 근속기간을 40년으로 제한하는 규칙(n/40)을 의미한다.

(f. III. 4) $R2(t) = V_{cot}^B(t) + V_{cot}^{PS}(t)$

여기서 $V_{cot}^B(t)$, $V_{cot}^{PS}(t)$는 각각 고용주 기여금(B)과 근로자 기여금(PS)에 해당하는 기여적립금의 현재가치를 의미한다.

전환적 조치:

벨기에 금융서비스시장청(FSMA)에 따르면, 2004년 1월 1일 이전에 고용주 기여금으로 적립된 책임준비금은 당시 사회보장법(현행은 폐지됨)에 따라 이미 확정된 수급권으로 간주되었다. 따라서 이 경우 확정된 준비금에는 아래와 같이 추가 항목이 반영된다:

(f. III. 5) $R2(t)$

$$= V_{cot}^B(t) + V_{cot}^{PS}(t) + V_{alloc\ <1/1/2004}^B(t)$$
$$+ V_{alloc\ <1/1/2004}^{PS}(t)$$

이 내용은 벨기에 금융서비스시장청(FSMA)의 2006년 연간보고서에 수록되어 있다.

사회보장법과 기술법 사이의 상호의존성은 RDLife 제48조에서도 강조된다. 이 조항은 연금약정의 재원적립이 다음 기준을 충족해야 함을 규정한다. 연금사업자의 책임준비금은 퇴직연금제도 계약서에 의해 산정된 확정된 준비금과 사회보장법에서 규정한 최소 책임준비금 중 더 큰 금액과 반드시 일치해야 한다. 다만, 이러한 사회보장법-기술법 간의 연계구조는 향후 입법 개정 과정에서 폐지될 가능성이 있다.

4.3. R3, CPA 준비금(CPA Reserve)

CPA 제19조 및 RDCPA 제6조에 따라 정의된 CPA준비금(R3)은, 두 가지 방식으로 계산된 금액 중 더 큰 값을 기준으로 산정된다.

① 시점 t까지의 실제 근속기간을 기준으로 계산된 연금급여,
② 전체 근속기간을 기준으로 계산된 연금급여에, 현재까지의 근속비율을 곱한 값(비례적 연금급여).

이 두 금액 모두 생존조건부 연금급여의 현재가치로 환산(actualised[24])되며, 이때 사용되는 계리기준은 반드시 퇴직연금계약서에서 정한 기준 이상이여야 한다.

$$(f.\,III.\,6) \qquad R3(t) = MAX\left(P(t, es.\,t), \frac{n(es, t)}{n(es, R)} \times P(t, esR)\right) \times f_{t,R}^{*}$$

위 공식 (f.III.6)은 일반적인 경우 그대로 적용되며, 전환기 상황에서는 R1 계산 시 근무시작일 정보가 불완전한 경우 상한(upper limit)의 역할을 하기도 한다.

전환적 조치:

연금제도 가입일이 1996년 1월 1일 이전인 경우, CPA 준비금(R3)은 RDCPA 제12조, 제13조, 제14조에 따라 R3a, R3b, R3c 세 요소의 합산으

---

24) 'actualise'는 할인율을 사용하여 미래의 금액을 현재가치로 환산하는 과정을 의미함

로 산출된다. 다만 이 합계가 공식 (f.Ⅲ.6)에서 계산된 값보다 큰 경우에는 적용되지 않고, 항상 (f.Ⅲ.6)의 값으로 제한된다.

(f.Ⅲ.7)　　$R3(t) = MIN (R3_a + R3_b + R3_c ; R^{MAX})$

여기에서 R^{MAX}는 1996년 1월 1일 이전 가입자에 대해 (f.Ⅲ.6)로 계산된 최대 준비금을 의미한다.

(a) 부분 준비금 R3a는 1996년 1월 1일 기준으로 존재했던 최소 책임준비금 개념에 기반한다. 즉, 당시 기술적 규제에 따라 보험사가 산정해 두었던 준비금(갱신된 값)을 계산시점 t까지 현재가치로 환산해야 하며, 이를 V_{min}1/1/1996으로 표기한다. 환산에는 1996년 당시 보험사가 적용한 요율구조의 계리기준이 사용된다:

(f.Ⅲ.8)　　$R3_a(t) = V_{min}(01/01/96) \times \dfrac{f_{t,R}}{f_{96,R}}$

(b) 부분 준비금 R3b는 실제 가입일이 1996년 1월 1일 이전이라 하더라도, 가상의 가입일을 1996년 1월 1일로 간주하여 공식 (f.Ⅲ.6)을 적용한 값이다:

(f.Ⅲ.9)　　$R3_b(t) = MAX \left(\dfrac{n(96, t)}{n(96, R)} \times P(t, 96\,R), P(t, 96\,t) \right) \times f_{t,R}^{*}$

여기서 n(96, t)는 1996년 1월 1일부터 계산시점 t까지의 근속기간, n(96, R)은 1996년 1월 1일부터 연금개시 시점 R까지의 전체 근속기간을 의미한다.

(c) 부분 준비금 R3c는 1996년 1월 1일 이후 임금 상승으로 인해, 1996년 1월 1일 이전에 발생한 연금급여가 재평가(revalorisation)된 금액을 반영한다:

(f. III. 10) $R3_c(t) = \text{MAX}\left(0; \left(P(t, a96) - P(96, a96)\right) \times f^*_{t,R}\right)$

여기서 P(96, a96)는 1996년 1월 1일 기준으로, 1996년 이전 인정된 근속기간에 대해 평가된 연금혜택이다. 보다 정확한 금액 산정을 위해, 보험사는 당시의 P(96, a96) 값을 보존하여야 한다.

그림 III. 4는 등식 (f. III. 7)에서 정의된 세 부분(R3a, R3b, R3c)의 합계를 시간-급여 그래프로 시각화한 것이다:

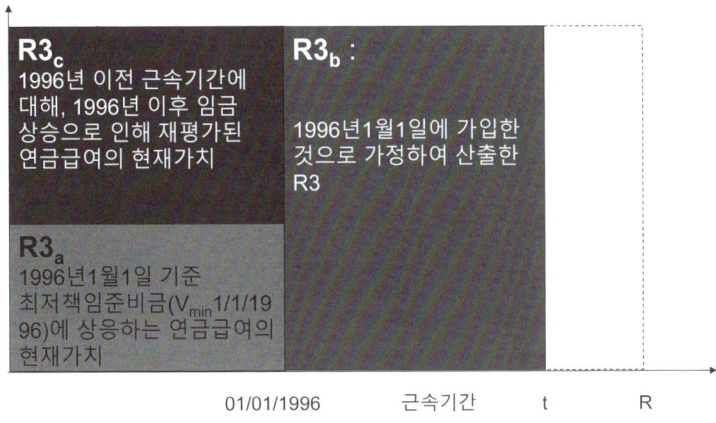

R3$_c$
1996년 이전 근속기간에 대해, 1996년 이후 임금 상승으로 인해 재평가된 연금급여의 현재가치

R3$_b$:
1996년1월1일에 가입한 것으로 가정하여 산출한 R3

R3$_a$
1996년1월1일 기준 최저책임준비금(V$_{min}$ 1/1/1996)에 상응하는 연금급여의 현재가치

01/01/1996   근속기간   t   R

그림 III.4. 전환조치에 따른 R3의 구성요소 분석

실제로 여러 사례에서 이 세 요소의 합계는 결국 공식 (f.III.7)에서 산출된 R^{MAX} 값에 의해 상한이 설정된다.

4.4. R4, 퇴직연금제도 계약서상 정의된 준비금

퇴직연금제도 설계자(plan organiser)는 모든 가입자에게 비차별적으로 적용되는 수급권 확정 규정을 퇴직연금제도 계약서에 자율적으로 포함시킬 수 있다. 다만 이러한 규정은 사회보장법 및 기술법이 정한 최소 기준보다 가입자에게 불리해서는 안 된다.

만약 연금제도 설계자가 법적 최소 수준보다 더 유리한 수급권 확정 규정을 명시하는 경우, 해당 규정은 R4를 통해 법적으로 구속력을 갖는다.

예를 들어, 급여확정형 연금제도에서 연금후원자가 2004년 1월 1일 이전에 납입한 기여금으로 적립된 준비금의 일부를, 제도 계약서에서 수급권이 확정된 것으로 선언할 수 있다. 이러한 조치는 해당 준비금의 수급권 확정 여부를 둘러싼 법적 불확실성이나 분쟁을 예방하기 위한 것이다.

4.5. R5, 최소수익률보장(Minimum Guarantee)

CPA 제24조는 확정급여형을 포함한 모든 유형의 퇴직연금제도에서 기여금에 대한 최소수익률보장(minimum guarantee of return)을 규정한다. 최소수익률보장은 고용주(plan sponsor)가 책임진다. 따라서 보험사의 운용수익률이 법정 최소수익률에 미치지 못할 경우, 고용주는 조기퇴직, 연금수급, 제도 종료(termination) 시점에 발생하는 부족금(financial shortfall)을 직접 보전해야 한다. 수익률 산정방식과 변동 시 적용 규칙은 모두 법률에 의해 명확히 규정된다.

법정 최소보장수익률이 변경될 경우, 이를 기여금에 반영하는 방식은 두 가지 금융 메커니즘 중 하나를 따른다:

- 수직적 방법(저축계좌 방식, savings account): 변경 시점을 기준으로 기존 누적금액과 향후 납입될 기여금 전체에 새로운 수익률을 일괄 적용하며, 다음 변경 시점까지 동일한 비율이 유지된다.
- 수평적 방법(세대별 하위계좌 방식, generation of sub-accounts): 변경 시점 이후 납입되는 신규 기여금에만 새로운 수익률을 적용하며, 기존 누적금액에는 변경 이전의 수익률을 그대로 유지하는 방식으로, 세대별로 다른 계좌를 운영하는 방식이다.

두 방식은 그림 III.5에 시각적으로 설명되어 있다: 왼쪽에는 수직적 방법(저축계좌방식)이, 오른쪽에는 수평적 방법(세대별 방식)이 각각 나타나 있다.

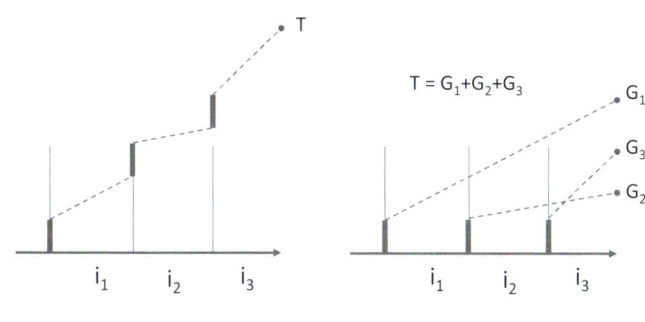

그림 III.5. R5 계산에 적용되는 수직적 방법 vs. 수평적 방법

확정급여형 제도에서는 가입자 개인이 납입한 기여금에만 최소수익률 보장이 적용되며, 고용주가 납입한 기여금에는 적용되지 않는다.

2016년 1월 1일 이후 체결된 계약에서는 최소수익률 적용방식에서는 수직/수평 방식 중 어떤 방식을 적용할지 계약서에 반드시 명시해야 한다. 반면 2016년 1월 1일 이전에 체결된 계약의 경우, 보장이 없는 보험형 연금상품에는 수직적 방법이, 이자율이 보장된 연금상품에는 수평적 방법이 적용된다.

법적으로 정해진 최소수익률은 2004년 1월 1일부터 2015년 12월 31일까지 연 3.75%였으며, 2016년과 2017년에는 연 1.75%로 조정되었다. 최소수익률의 산정 메커니즘은 법률에 의해 규정되며, 실제 산정은 벨기에 국립은행(National Bank of Belgium)에 의해 수행된다.

전환적 조치:

대부분의 보험사는 1996년 1월 1일부터 1997년 7월 1일까지 연 4.75%의 최소수익률을 적용했고, 2015년 12월 31일까지는 연 3.75%를 적용했다. 이는 이주연금 제도의 개인 기여금에 대해 기존 사회보장법에 의해 규정한 보장 조항에 근거한 것이다.

4.6. 확정된 준비금에서 확정된 혜택으로

연금가입자가 연금개시 시점에 도달하면, 시점 t에서 평가된 확정된 준비금 $R_x(t)$은 동일 시점의 확정된 연금혜택 $P_x(t)$로 전환된다. 최소수익률 R_5는 연금개시 시점의 지급 형태(benefit form)가 별도로 정의되어 있지 않고, 준비금(reserve) 수준에서만 정의되어 있다. 퇴직연금제도 계약서상 준비금 R_4는 계약서에 명시적으로 확정된 수급권으로 규정되어 있는 경우에만 연금혜택 P_4로 환산될 수 있다. 개별적립방식의 계리적 책임준비금 R_2는 보험사의 요율구조를 반영하여 산출된 감액된 자본(reduced capital)과 동일한 형태의 연금혜택 P_2로 환산된다.

최소 책임준비금 R_1과 CPA 준비금 R_3의 산정식은 "해당 준비금을 산출하는 데 사용된 연금혜택"에 기반한다. 다만 법령에서는 이들을 P_1과 P_3라는 명칭으로 직접 정의하고 있지는 않다. 그러나 벨기에 금융서비스시장청(Financial Services Market Authority)은 이들 혜택 P_1과 P_3를 확정된 수급권으로 인정한다.

5. 확정기여형의 확정된 수급권 계리 체계

확정기여형(DC) 연금제도에서는 확정된 수급권의 계산이 비교적 단순하게 이루어진다. 이는 DB 제도와 달리 최종 연금 급여가 사전에 확정되지 않고, 납입한 기여금과 그 운용성과에 의해 연금급여가 결정되기 때문이다.

5.1. R1, 최소 책임준비금

RDCPA 제9조에 따르면, DC 연금제도에서 최소 책임준비금 R1은 가입자의 개인 연금계좌에 적립된 금액과 동일하다. 따라서 적립금 자체가 곧 확정된 수급권으로 법적으로 인정된다.

5.2. R2, 계리적 책임준비금

계리적 책임준비금 R2는 보험사의 요율구조에 따라 산정된다. RDLife 제52조에 언급된 보험업법에 따르면, 개인 기여금, 연금 후원자(고용주)의 기여금, 그리고 이익배분금으로 적립된 모든 책임준비금은 가입자 개인의 확정된 수급권으로 인정된다:

$$(f. III. 11) \qquad R2(t) = V_{cot}^{B}(t) + V_{cot}^{PS}(t) + V_{alloc}^{B}(t) + V_{alloc}^{PS}(t)$$

5.3. R3, CPA 준비금

CPA법 제18조 및 RDCPA법 제6조에 정의된 CPA 준비금 R3은 최소 책임준비금 R1과 계리적 책임준비금 R2 중 더 큰 금액으로 산정된다.

5.4. R4, 퇴직연금제도 계약서에 정의된 준비금

퇴직연금제도 계약서에는 확정된 준비금에 대한 별도의 정의를 포함할 수 있다. 단, 이는 반드시 법령상 기준보다 가입자에게 더 유리한 경우에만 가능하다.

즉, 제도 설계자가 R4를 통해 더 높은 수준의 확정된 준비금을 정의한다면, 이는 법적으로 구속력을 가진다(4.4절 참조).

5.5. R5, 최소수익률보장

최소수익률보장 R5의 적용 메커니즘은 4.5절에서 기술한 확정급여형(DB) 제도의 경우와 유사하다.

다만, 확정기여형(DC) 제도의 경우에는 가입자의 개인 기여금과 계획 후원자(고용주)의 기여금 모두가 최소수익률보장의 적용 대상에 포함된다. 단, 고용주 기여금에 대해서는 다음의 두 가지 특별 규정이 적용된다:

1) 최소수익률을 적용하기 전에, 보험료 또는 기여금의 최대 5%까지의 비용 공제가 허용된다.
2) 가입 초기 5년 동안은 최소수익률을 연간 물가상승률로 제한할 수 있다.

법정 최소수익률은 시가에 따라 변동이 된다. 예를 들어, 2004년 1월 1일부터 계획 후원자(고용주)의 기여금에 연 3.25%, 가입자 개인 기여금에 연 3.75%의 최소수익률이 적용되었다. 2016년과 2017년에는 두 부분 모두 연 1.75%로 하향 조정되었다.

5.6. 확정된 준비금에서 확정급여로의 전환

4.6절에서 설명된 원칙이 확정기여형(DC) 제도에도 동일하게 적용된다. 확정기여형 연금제도에서 실질적인 확정 혜택은 책임준비금 R2에서 발생하며, 이는 해당 보험사가 적용하는 요율구조에 따라 산출된 감액가치(reduction value[25])와 동일하다.

6. 예제: 확정급여형의 확정된 수급권

확정급여형 연금제도의 확정된 수급권 계산을 설명하기 위해, 제2장 9절(제2장 재원적립 방법)에서 사용한 동일한 연금제도의 설계, 조건, 가입자 특성을 그대로 적용한다.

사례 요약:

등식 (f. II. 21)과 동일하게 연금자산 C가 계산된다.

$$C = \frac{N}{40} \times (2 \times S_1 + 8 \times S_2)$$

가입자의 정보
- 성별: 여성

---

25) 연금계약자가 퇴직연령 전에 중도 퇴직하거나 해지할 경우, 원래 약속된 연금 혜택에서 비용(예: 해지수수료, 관리비용), 보험사의 위험률 등을 반영하여 할인 또는 축소된 혜택 수준

- 가입 시 연령: 30세

- 가입 시 임금: 50,000 (상한: 30,000)

- 생년월일: 1960년 1월 1일

- 가입일: 1990년 1월 1일

- 조기퇴직일: 2017년 1월 1일

- 임금 인상률(계산 목적): 연 4%

- 물가 인상률(상한에도 적용): 임금 2%

추가된 조건:

- 확정된 수급권의 평가 시점: 57세 (조기퇴직 또는 중간평가 기준일)

- 퇴직연금제도 계약서 계리기준: 남성/여성생명표 MR/FR, 할인율 5% 적용

표 III.1. 임금과 상한의 예상 결과

Year	Age	S_t	$S1_t$	$S2_t$
1990	30	50,000	30,000	20,000
1991	31	52,000	30,600	21,400
1992	32	54,080	31,212	22,868
1993	33	56,243	31,836	24,407
1994	34	58,493	32,473	26,020
1995	35	60,833	33,122	27,710
1996	36	63,266	33,785	29,481
1997	37	65,797	34,461	31,336
1998	38	68,428	35,150	33,279
1999	39	71,166	35,853	35,313

2000	40	74,012	36,570	37,442
2001	41	76,973	37,301	39,671
2002	42	80,052	38,047	42,004
2003	43	83,254	38,808	44,445
2004	44	86,584	39,584	46,999
2005	45	90,047	40,376	49,671
2006	46	93,649	41,184	52,465
2007	47	97,395	42,007	55,388
2008	48	101,291	42,847	58,443
2009	49	105,342	43,704	61,638
2010	50	109,556	44,578	64,978
2011	51	113,938	45,470	68,468
2012	52	118,496	46,379	72,117
2013	53	123,236	47,307	75,929
2014	54	128,165	48,253	79,912
2015	55	133,292	49,218	84,074
2016	56	138,623	50,203	88,421
2017	57	144,168	51,207	92,962

표 Ⅲ. 1은 주어진 가정에 따라 임금과 상한에 대한 예상 결과를 나타낸다.

계산 요소:

- 연금 가입 연령: 30세
- 계산시점 t에서의 연령: 57세
- 계산시점 t까지의 가입 연수: 27년
- 연금수급 시점까지의 총 가입 연수: 35년

- 연봉 및 상한 추정

  ○ 1996년 1월 1일 연봉 = $50,000 \times 1.04^6 = 63,265.95$

  ○ 2017년 1월 1일 연봉 = $50,000 \times 1.04^{27} = 144,168.43$

- $P(t, aR) = 35/40 \times (2 \times 51,206.59 + 8 \times 92,961.84) = 740,344.42$

- $P_{t,alloc} = 27,583.19$, $P_{t,cot} = 2,883.37$ (57세 시점에서 고용주와 가입자가 부담하는 연간 기여금)

- $CL_{cot} = 118,087.73$ (57세 시점에서 계산한 퇴직 시 연금자산 목표)

- 현재가치 계수

  ○ $f_{t,R}^{*} = {}_8E_{57}$ (여성생명표(FR), 할인율 5%) = 0.650268

  ○ $f_{t,R}^{**} = {}_8E_{57}$ (여성생명표(FR), 할인율 6%) = 0.602782

  ○ $f_{t,R} = {}_8E_{57}$ (여성생명표(FR), 할인율 3.25%) = 0.743852

  ○ $\ddot{a}_{57:8}$ (여성생명표(FR), 할인율 3.25%) = 7.072273

  ○ $f_{96,R} = {}_{29}E_{36}$ (여성생명표(FR), 할인율 3.25%) = 0.368524

- 1996년 기준 최소준비금

  ○ $V_{min}(1996) = V(1996) = 21,654.72$ (할당액과 기여금의 합계 - 가정)

R1의 계산 - 최소 책임준비금(Minimum Reserve)

$$R1 = \frac{27}{35} \times \frac{35}{40} \times (2 \times 51,206.59 + 8 \times 92,961.83) \times 0.602782$$

$$= 571,122.78 \times 0.602782$$

$$= 344,262.53$$

R2의 계산 - 계리적 책임준비금(Mathematical Reserve)

$$V_{cot}^{B}(t) = CL_{cot} \times {}_{n-t}E_{x+t} - P_{t,cot} \times (1-c) \times \ddot{a}_{x+t;n-t}$$

$$= 118{,}087.73 \times 0.743852$$

$$- 2{,}883.37 \times (1 - 0.05) \times 7.072273$$

$$= 68{,}467.41$$

$$V_{cot}^{PS}(t) = 0$$

$$R2 = V_{cot}^{B}(t) + V_{cot}^{PS}(t)$$

$$= 68{,}467.41 + 0$$

R3의 계산 - CPA 준비금(CPA Reserve)

$$R3 = MIN(R3_{a} + R3_{b} + R3_{c}; R^{MAX})$$

$$R3_{a} = 21{,}654.72 \times \frac{0.743852}{0.368524}$$

$$= 43{,}709.25$$

$$R3_b = MAX\left(\frac{21}{29} \times \frac{29}{40} \times (846{,}107.82); \frac{21}{40} \times (846{,}107.82)\right)$$
$$\times\ 0.650268$$
$$= MAX(444{,}206.61;\ 444{,}206.61) \times 0.650268$$
$$= 288{,}853.34$$

$$R3_c = MAX\left(0; \left(\frac{6}{40} \times (2 \times 51{,}206.59 + 8 \times 92{,}961.83)\right.\right.$$
$$\left.\left. -\ \frac{6}{40} \times (2 \times 33{,}784.87 + 8 \times 29{,}481.08)\right)\right.$$
$$\left.\times\ 0.650268 \right)$$
$$= 52{,}934.04$$

$$R^{MAX} = MAX\left(\frac{27}{40} \times (846{,}107.82); \frac{27}{35} \times \frac{35}{40} \times (846{,}107.82)\right)$$
$$\times\ 0.650268$$
$$=\ MAX(571{,}122.78;\ 571{,}122.78) \times 0.650268$$
$$=\ 371{,}382.87$$
$$R3 = MIN(43{,}709.25 + 288{,}853.34 + 52{,}934.04;\ 371{,}382.87)$$
$$=\ 371{,}382.87$$

R4의 계산 - 퇴직연금제도 계약서에 따른 준비금

가정: 퇴직연금제도 계약서에서 모든 계리적 책임준비금 R2이 확정된 수급권으로 정의된다. 이 경우 R2와 R4가 동일하다고 간주할 수 있다.

$$V(t) = CL \times {}_{n-t}E_{x+t} - P_t \times (1-c) \times \ddot{a}_{x+t;n-t}$$

$$= 740,344.38 \times 0.743852$$

$$- 30,466.56 \times (1 - 0.05) \times 7.072273$$

$$= 346,012.21$$

$$R4 = MAX(V(t); R1; R3)$$

$$= MAX(346,012.21; 371,382.87)$$

$$= 371,382.87$$

R5 계산 - 최소수익률보장(Minimum Guarantee)

• 최소수익률보장은 가입자 기여금에만 적용됨

• 비용 공제 없음

• 최소수익률(연):

  ㅇ 1996년 1월 1일 ~ 1999년 1월 1일까지: 4.75% 수직형 방식

  ㅇ 1999년 1월 1일 ~ 2004년 1월 1일까지: 3.75% 수직형 방식

  ㅇ 2004년 1월 1일 ~ 2016년 1월 1일까지: 3.75% 수직형 방식

  ㅇ 2016년 1월 1일~ 계산일(2017년 1월 1일)까지: 1.75% 수평형 방식

표 Ⅲ.2는 연 단위 기준으로 산정한 최소수익률보장 책임준비금 R5의 계산 결과를 나타낸다.

표 III.2. R5의 계산 결과

i%	Year	PCt	Art.24VER	i%	year	PCt	Art.24VER		TOT
4.75	1990	1,000.00							
4.75	1991	1,040.00							
4.75	1992	1,081.60							
4.75	1993	1,124.86							
4.75	1994	1,169.86							
4.75	1995	1,216.65							
4.75	1996	1,265.32	–						
4.75	1997	1,315.93	1,325.42						
4.75	1998	1,368.57	2,766.82						
3.75	1999	1,423.31	4,331.82						
3.75	2000	1,480.24	5,970.95						
3.75	2001	1,539.45	7,730.61						
3.75	2002	1,601.03	9,617.69						
3.75	2003	1,665.07	11,639.43						
3.75	2004	1,731.68	13,803.42						
3.75	2005	1,800.94	16,117.66						
3.75	2006	1,872.98	18,590.55						
3.75	2007	1,947.90	21,230.92						
3.75	2008	2,025.82	24,048.02						
3.75	2009	2,106.85	27,051.61						
3.75	2010	2,191.12	30,251.90						
3.75	2011	2,278.77	33,659.64						
3.75	2012	2,369.92	37,286.09						
3.75	2013	2,464.72	41,143.11						
3.75	2014	2,563.30	45,243.12						
3.75	2015	2,665.84	49,599.17						
3.75	2016		54,224.94	1.75	2016	2,772.47	0		54,224.94
3.75	2017		56,258.38	1.75	2016		2,820.99		59,079.36

$$R5 = Min_{cot}^{art\,24}(t) = 59{,}079.37$$

계산 요약:

- R1 = 344,262.53

- R2 = 68,467.41

- R3 = 371,382.87

- R4 = 371,382.87

- R5 = 59,079.37

- V(t) = 346,012.21

$$VSTR(t) = MAX(R1; R2; R3; R4) = 371{,}382.87$$

중도퇴직, 연금개시, 연금제도 종료 시 지급 또는 이전 가능한 금액 (transferable amount):

$$VSTR(t) = MAX(R1; R2; R3; R4; R5) = 371{,}382.87$$

2017년 1월 1일, 57세 시점에서 확정된 혜택의 계산:

$$P1 = 571{,}122.78$$
$$P2 = \frac{68{,}467.41}{0.743852} = 92{,}044.40$$
$$P3 = 571{,}122.78$$

$$P4 = MAX(P1, P3, P2 \ if \ vested)$$
$$= MAX(571{,}122.78, 571{,}122.78, 92{,}044.40)$$
$$P4 = 571{,}122.78$$

여러 연령 시점에서의 계산:

조기퇴직시점이 언제든 관계없이 확정된 수급권의 가치는 동일한 방식으로 계산될 수 있다. 표 III.3은 45세, 50세, 55세, 60세 시점에서 각각 계산된 준비금 값을 보여 준다.

표 III.3. R5의 계산 결과(45, 50, 55, 60세)

Year	2000	2005	2010	2015	2020
Age	40	45	50	55	60
R1	20,282	52,473	120,068	257,005	528,962
R2	13,564	24,385	39,038	58,772	85,404
R3	25,705	63,426	138,412	282,558	554,635
R3a	10,282	38,056	96,888	214,744	443,708
R3b	24,678	29,092	34,370	40,760	48,660
R3c	2,866	9,270	20,835	41,127	76,276
R3Max	25,705	63,426	138,412	282,558	554,635
R4	44,160	87,085	157,040	282,558	554,635
R5	5,971	16,118	30,252	49,599	75,724
Vt	44,160	87,085	157,040	275,657	493,093

2016년 1월 1일 이후에는 법적으로 최소수익률이 1.75%로 하향 조정되었으나, 본 계산에서는 단순화를 위해 3.75%를 적용하였다. 이러한 가정

차이는 최종 수치에는 다소 영향을 주지만, 준비금 곡선의 전반적인 패턴을 이해하는 데에는 본질적인 영향을 미치지 않는다.

그림 III.6은 가입 시점부터 연금개시 시점까지 연령별로 산출된 책임준비금(R1~R5)의 추이를 시각적으로 나타낸다. 이를 통해 다음과 같은 관찰이 가능하다.

- 점진적 증가: 모든 책임준비금은 시간이 지남에 따라 점진적으로 증가하며, 이는 근속기간의 증가와 기여금 납입 누적 효과를 반영한다.
- R2의 상대적 크기: 계리적 책임준비금(R2)은 보험사의 요율구조 및 기여금 수준에 의해 산정되므로, 다른 준비금들보다 상대적으로 낮은 값을 나타내는 경우가 많다.

이와 같이, 연령에 따른 책임준비금 곡선의 비교는 법적·계리적 기준이 서로 다른 준비금 정의들이 어떻게 상호작용하는지를 잘 보여 준다. 이는 실제 제도 운영 시, 수급권 보호와 재원적립의 균형을 평가하는 핵심 지표로 활용된다.

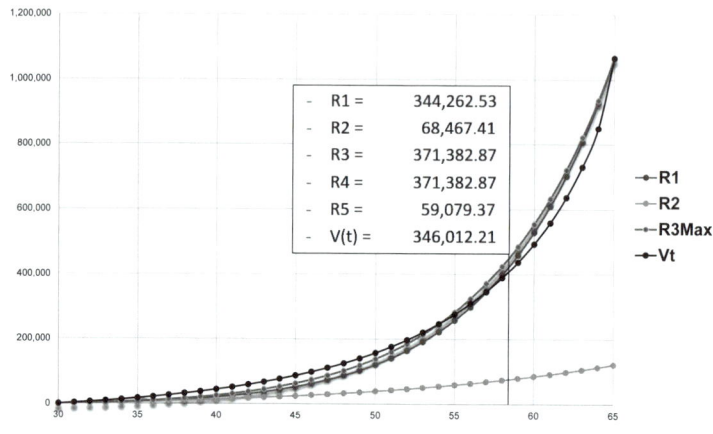

- R1 =   344,262.53
 - R2 =   68,467.41
 - R3 =   371,382.87
 - R4 =   371,382.87
 - R5 =   59,079.37
 - V(t) =   346,012.21

→R1
→R2
→R3Max
→Vt

그림 III.6. 연령에 따른 책임준비금의 추이

벨기에의 과소적립

1. 사회적 규범과 과소적립

III.5절에서는 사회적 규범(social norm)이 어떻게 사회연금법 체계에 통합되는지를 살펴보았다. 벨기에의 수급권 확정 사례에서는, 조기퇴직 시점에서 산정된 확정된 준비금이 해당 시점의 실제 재원적립 수준과 비교된다. RDLife 제48조 제1항은 보험사로 하여금 모든 시점에서 필요한 재원이 확보되도록 규정하고 있으나, 실무에서는 이러한 검증이 연 1회만 수행된다.

매년 말, 보험사의 기술적 충당금(technical provisions)과 확정된 준비금이 비교된다. 만약 집단 준비금(collective reserve)과 개별 기술적 책임준비금의 합계가 확정된 준비금(제3장에서 설명된 계산방식에 따라 산출된)에 미치지 못할 경우, 연금제도 후원자(고용주)는 부족분을 보전하기 위해 추가적인 집단 기여금을 납부해야 한다. 이 추가 기여금은 "과소적립표(underfunding table)"에 근거한 계리적 계산을 통해 산정된다.

2. 과소적립표에 표현된 사회적 규범

과소적립표는 퇴직연금제도 또는 단체보험 내에서 개별 가입자의 확정된 수급권 금액이 해당 개인의 책임준비금을 초과하는 경우, 즉 개별 과소적립을 보여 준다. 그러나 모든 개별 과소적립이 집단 전체의 과소적립으로 이어지는 것은 아니다. 실제 집단 차원의 과소적립 여부는 제도 내 집단 준비금의 수준에 달려 있다. 즉, 과소적립표는 확정된 수급권과 책임준비금 간의 차이를 직관적으로 보여 주는 장치이며, 공식은 다음과 같이 표현된다:

공식 (f. III. 2)에서 확정된 수급권 VSTR(t) = MAX(R1, R2, R3, R4, R5)

계리적 책임준비금과 함께:
공식 (f. III. 11)에서

$$R2(t) = V_{cot}^{B}(t) + V_{cot}^{PS}(t) + V_{alloc}^{B}(t) + V_{alloc}^{PS}(t)$$

표 III.4. 과소적립표의 원리

	VSTR	R2	차이(Δ)
재직(active) 가입자	⋯	⋯	⋯
비재직(non-active) 가입자	⋯	⋯	⋯
전체 가입자	⋯	⋯	⋯

이후, 개별 과소적립 금액의 합계와 제도 내 존재하는 집단 준비금을 비교함으로써 전체 제도의 재정 건전성을 평가한다.

3. 실무에서 몇 가지 왜곡 현상

과소적립표는 원칙적으로 확정된 수급권과 책임준비금을 비교하여 계량화하는 장치이지만, 실제 운영에서는 몇 가지 왜곡 현상이 발생할 수 있다:

- 실무에서는 계리적으로 산출된 책임준비금이 실제 재원적립 자산과 직접적으로 연계되지 않고 별도로 관리되는 경우가 많다.
- 이로 인해 재무제표상 자산과 수리적으로 산출된 준비금 간의 불일치가 발생할 수 있으며, 과소 적립 여부 판단에 혼선을 야기한다.
- 고용주가 기여금을 제때 납입하지 않으면 해당 가입자의 보장 수준이 감액되며, 이 감액된 보장은 기존 보장과 기술적으로 분리되어 별도 관리된다(technical separation).
- 이는 준비금 산정 시 동일한 가입자에 대해 두 가지 보장 구조가 공존

하게 만드는 요인으로 작용한다.

이러한 문제를 보다 구체적으로 이해하기 위해, 보험사가 추가 기여금을 청구하는 시점을 살펴볼 필요가 있다. 단체보험은 가입자의 유입(inflow), 보장조건 변경(modification), 가입자의 이탈(outflow) 등 다양한 변동에 따라 운용된다. 변동이 발생할 때마다 보험사는 추가 기여금 납부를 요청하거나, 기존 기여금을 조정(contribution adjustments)하게 되며, 이 과정은 그림 Ⅲ.7에 시각적으로 도식화되어 있다.

RDLife 제50조는 보험사가 연금제도 후원자인 고용주의 재원적립 부족 가능성을 인지한 경우, 이를 6개월 이내에 가입자에게 통지하도록 규정한다. 그러나 기술적 감액(technical reduction)이 실제로 발생한 시점을 명확히 식별하기란 실무적으로 쉽지 않다.

한편, RDCPA 제14조 제4항은 모든 연금기관이 퇴직연금제도 계약에 따른 재원부족 상황이 발생했을 경우, 해당 제도의 재직 가입자 전원에게 3개월 이내에 통지해야 한다고 규정한다.

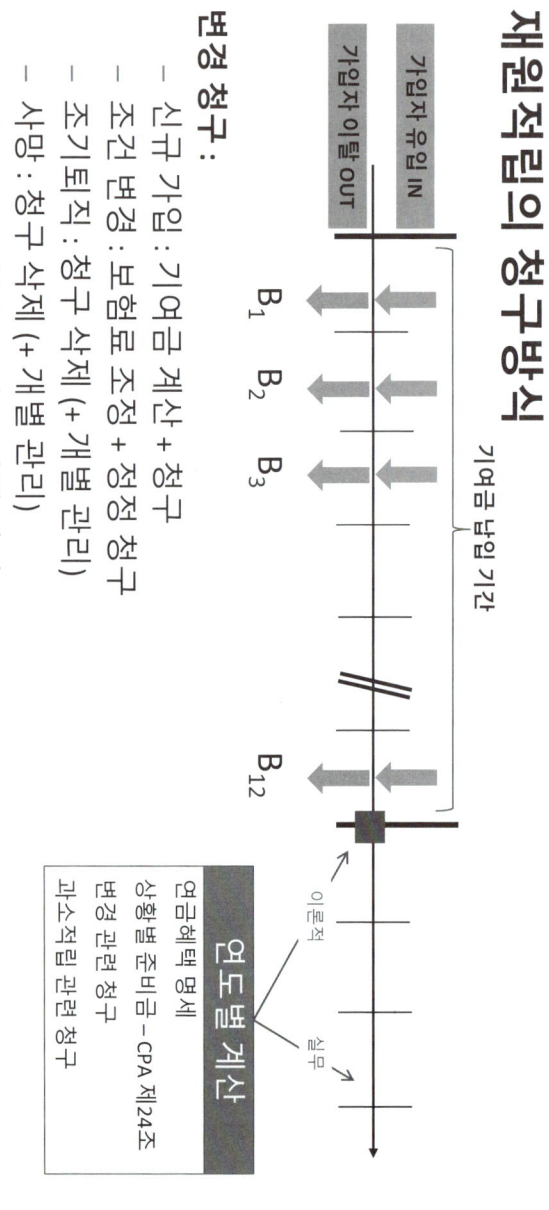

재원적립의 청구방식

가입자 유입 IN
가입자 이탈 OUT

기여금 납입 기간

B_1 B_2 B_3 B_{12}

이론적 / 실무

요도별 계산

요금왜틱 명세
상활별 준비금 – CPA 제24조
변경 관련 청구
과소적립 관련 청구

변경 청구 :

— 신규 가입 : 기여금 계산 + 청구
— 조건 변경 : 보험료 조정 + 정정 청구
— 조기퇴직 : 청구 삭제 (+ 개별 관리)
— 사망 : 청구 삭제 (+ 개별 관리)
— 요금 개시 : 청구 삭제 (+ 개별 관리)
— 장애

그림 III.7. 단체보험에서 청구 방식(invoicing mechanism)의 흐름도

4. 예제

잠재적 과소적립 메커니즘을 구체적으로 설명하기 위해서는 여러 시점에서 과소적립표를 작성할 필요가 있다. 이를 위해서는 특정 가입자 집단과, 해당 집단에 적용되는 퇴직연금제도의 구체적인 설계가 필요하다.

본 사례에서는 앞서 II.9절(재원적립방식의 예제)과 III.6절(확정된 수급권 계산 예제)에서 사용된 것과 동일한 연금제도의 설계, 조건 및 가입자 특징을 그대로 적용한다.

사례 요약:

- 연금자산 등식 (f.II.21)과 동일, $C = \frac{N}{40} \times (2 \times S_1 + 8 \times S_2)$
- 가입자의 정보: 여성, 가입 시 연령 30세
- 가입 시 임금: 50,000(상한: 30,000)
- 생년월일: 1960년 1월 1일
- 가입일: 1990년 1월 1일
- 조기퇴직일: 2017년 1월 1일
- 퇴직연금제도 계약서에 정의된 계리기준: 남성/여성생명표 MR/FR, 할인율 5%

이 조건하에서 도출된 결과는 이미 표 III.3과 그림 III.6에서 제시된 바 있으며, 이를 기반으로 과소적립표를 구체적으로 작성할 수 있다.

Year	2000	2005	2010	2015	2020
Age	40	45	50	55	60
R1	20,282	52,473	120,068	257,005	528,962
R2	13,564	24,385	39,038	58,772	85,404
R3	25,705	63,426	138,412	282,558	554,635
R3a	10,282	38,056	96,888	214,744	443,708
R3b	24,678	29,092	34,370	40,760	48,660
R3c	2,866	9,270	20,835	41,127	76,276
R3Max	25,705	63,426	138,412	282,558	554,635
R4	44,160	87,085	157,040	282,558	554,635
R5	5,971	16,118	30,252	49,599	75,724
Vt	44,160	87,085	157,040	275,657	493,093

예제 목적상, 표 III.5의 특성을 가진 3명의 가입자를 추가하여 계산을 수행하였다.

표 III.5 과소적립표 대상자 집단

	생년월일	성별	가입연령	임금	가입연도	조기퇴직	연금수령연도
Person 1	1960	F	30	50,000	1990	-	2025
Person 2	1975	M	25	37,000	2000	-	2040
Person 3	1970	M	30	60,000	2000	2020	2035
Person 4	1970	M	30	37,000	2000	2020	2035

제2장 예시 가입자

결과

표 III.6은 2017년 시점의 과소적립표를 보여 준다.

전환조치를 반영한 경우, 확정된 준비금(VSTR)과 책임준비금(R2)의 차액은 25,371으로 산출된다. 이 외의 추가적인 재원적립은 필요하지 않다. 그러나 이 차이는 집단 내 다른 가입자들에 의해 흡수되어 추가적인 재원적립은 필요하지 않다. 다른 모든 피보험자의 경우 R2와 VSTR이 동일하기 때문이다. 모든 가입자는 현재 재직(actively insured) 상태이다.

표 III.6. 2017년 과소적립표

XYZ 보험사, 과소적립표
연도: 2017

재직 가입자

성함	R1	R2	R3	R4	R5	VSTB	P2	VSTR	R2	과소적립 (= VSTR - R2)	단일보험료 (비용 포함)
Person 1	344,262	346,012	371,383	371,383	59,135	571,123	465,163	371,383	346,012	25,371	26,706
Person 2	26,132	43,034	32,498	43,034	23,981	114,469	102,982	43,034	43,034	0	0
Peroon 3	82,507	125,349	97,857	125,349	38,888	266,795	252,535	125,349	125,349	0	0
Person 4	35,400	48,856	41,986	48,856	23,981	114,469	98,428	48,856	48,856	0	0
										총합:	26,706

비재직 가입자

성함	R1	R2	R3	R4	R5	VSTB	P2	VSTR	R2	과소적립 (= VSTR - R2)	단일보험료 (비용 포함)
Person 1	0	0	0	0	0	0	0	0	0	0	0
Person 2	0	0	0	0	0	0	0	0	0	0	0
Person 3	0	0	0	0	0	0	0	0	0	0	0
Person 4	0	0	0	0	0	0	0	0	0	0	0
										총합:	26,706

세금 제외
R5는 3.75%에 계산 - 수직적 방법

B. 2020년 계산 결과

표 III.7은 2020년 시점의 결과를 나타낸다.

가입자 1의 확정된 준비금(VSTR)과 책임준비금(R2) 간의 차액, 즉 개별 과소적립은 61,541로 증가했으며, 다른 가입자에게는 개별 과소적립이 발생하지 않았다. 가입자 3과 4는 퇴직 또는 퇴사하여 비재직(non-active) 가입자 집단으로 이동했으며, 이들에게는 과소적립이 발생하지 않았다.

표 III.7. 2020년 과소적립표

XYZ 보험사, 과소적립표
연도: 2020

제직 가입자

성함	R1	R2	R3	R4	R5	VSTB	P2	VSTR	R2	과소적립 (= VSTR - R2)	단일 보험료 (비용 포함)
Person 1	528,962	493,093	554,635	554,635	75,724	728,485	595,452	554,635	493,093	61,541	64,780
Person 2	44,145	63,240	53,360	63,240	31,622	161,264	136,562	63,240	63,240	0	0
Percon 3	0	0	0	0	0	0	0	0	0	0	0
Person 4	0	0	0	0	0	0	0	0	0	0	0
											64,780

비제직 가입자

성함	R1	R2	R3	R4	R5	VSTB	P2	VSTR	R2	과소적립 (= VSTR - R2)	단일 보험료 (비용 포함)
Person 1	0	0	0	0	0	0	0	0	0	0	0
Person 2	128,644	178,363	148,299	178,363	51,280	345,818	323,240	178,363	178,363	0	0
Person 3	56,539	72,642	65,178	72,642	31,622	151,988	131,646	72,642	72,642	0	0
Person 4										0	0

합: 64,780

세금 제외
R5는 3.75%에 계산 - 수직적 방법

C. 2025년 계산 결과

가입자 1은 연금수급연령에 도달하여 퇴직하였으며, 이 과정에서 계획 후원자(고용주)가 필요한 재원을 모두 적립했기 때문에 더 이상 과소적립은 존재하지 않는다. 다른 가입자들 중, 가입자 2는 여전히 재직 상태이고, 가입자 3과 4는 이미 퇴직하여 이 시점에서 추가 재원적립은 필요하지 않다.

표 III.8은 2025년 시점의 결과를 보여 준다.

표 III.8. 2025년 과소적립표

XYZ 보험사, 과소적립표
연도: 2025

재직 가입자

성향	R1	R2	R3	R4	R5	VSTB	P2	VSTR	R2	과소적립 (= VSTR - R2)	단일보험료 (비용 포함)
Person 1	1,019,204	1,019,204	1,019,204	1,019,204	110,616	1,019,204	1,019,204	1,019,204	1,019,204	0	0
Person 2	99,767	116,628	115,010	116,628	47,806	268,192	211,362	116,628	116,628	0	0
Peroon 3	0	0	0	0	0	0	0	0	0	0	0
Person 4	0	0	0	0	0	0	0	0	0	0	0
											0

비재직 가입자

성향	R1	R2	R3	R4	R5	VSTB	P2	VSTR	R2	과소적립 (= VSTR - R2)	단일보험료 (비용 포함)
Person 1	176,180	214,187	193,697	214,187	61,643	345,818	323,240	214,187	214,187	0	0
Person 2	0	0	0	0	0	0	0	0	0	0	0
Person 3	87,232	85,130	85,130	87,232	38,013	151,988	131,646	87,232	87,232	0	0
Person 4	77,432	87,232	85,130	87,232	38,013	151,988	131,646	87,232	87,232	0	0
											0

합계: 0

세금 제외
R5는 3.75%에 계산 - 수직적 방법

D. 2030년 계산 결과

표 III.9는 2030년 시점의 결과를 나타낸다.

가입자 1은 이미 목록에서 제외되었고, 가입자 2는 추가 재원적립이 요구되는 상황이 발생했다. 흥미로운 점은 과거에 이미 퇴사했던 가입자 4에게도 갑작스럽게 추가 재원이 필요하게 되었다는 점이다. 이는 그림 III.8에서 설명된 바와 같이, 확정된 준비금(VSTR)과 책임준비금(R2) 간의 차이가 과소적립으로 반영되었기 때문이다. 일반적으로 이 차이는 줄어들기보다는 오히려 커질 수 있는데, 그 이유는 법정 이자율(이 책 집필 시점 기준 6%)이 보험사가 적용하는 기술적 이자율보다 높아, 그 결과 책임준비금(R2)이 상대적으로 낮게 계산되기 때문이다. 따라서 장기적으로 비재직자의 과소적립은 점차 확대되는 경향을 보인다.

표 III.9. 2030년 과소적립표

XYZ 보험사, 과소적립표
연도: 2030

재직가입자

성함	R1	R2	R3	R4	R5	VSTB	P2	VSTR	R2	과소적립 (= VSTR - R2)	단일보험료 (비용 포함)
Person 1	0	0	0	0	0	0	0	0	0	0	0
Person 2	214,966	213,412	236,339	236,339	69,382	421,949	322,071	236,339	213,412	22,927	24,133
Peroon 3	0	0	0	0	0	0	0	0	0	0	0
Person 4	0	0	0	0	0	0	0	0	0	0	0
합:										24,133	

비재직가입자

성함	R1	R2	R3	R4	R5	VSTB	P2	VSTR	R2	과소적립 (= VSTR - R2)	단일보험료 (비용 포함)
Person 1	0	0	0	0	0	0	0	0	0	0	0
Person 2	244,335	260,461	256,194	260,461	74,101	345,818	323,240	260,461	260,461	0	0
Person 3	0	0	0	0	0	0	0	0	0	0	0
Person 4	107,386	106,078	112,598	112,598	45,696	151,988	131,646	112,598	106,078	6,520	6,863
합:										6,520	6,863

총합: 30,996

세금 제외
R5는 3.75%에 계산 - 수직적 방법

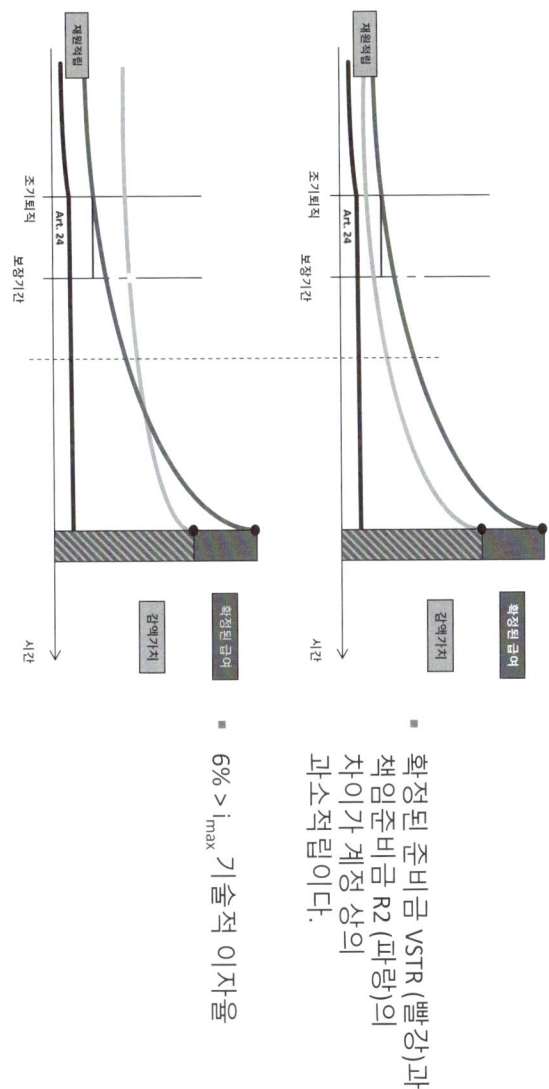

- 확정된 준비금 VSTR (빨강)과 책임준비금 R2 (파랑)의 차이가 계정 상의 과소적립이다.

- $6\% > i_{max}$ 기술적 이자율

그림 III.8. 비재직 가입자에 대한 (잠재적) 과소적립표 III.10은 2035년 시점의 결과를 보여 준다.

위에서 설명한 현상은 특히 비재직(non-active) 가입자의 경우 연금지급 개시시점(본 예제에서는 2035년)에 가까워질수록 더욱 뚜렷하게 나타난다. 즉, 조기퇴직 당시에는 과소적립 문제가 크게 드러나지 않을 수 있지만, 시간이 경과하면서 잠재적 과소적립이 점차 현실화된다. 이는 연금제도의 건전성을 점검하는 데 중요한 시사점을 제공한다.

표 III.10. 2035년 과소적립표

XYZ 보험사, 과소적립표

연도: 2035

재직 가입자

성함	R1	R2	R3	R4	R5	VSTB	P2	VSTR	R2	과소적립 (= VSTR - R2)	단일 보험료 (비용 포함)
Person 1	0	0	0	0	0	0	0	0	0	0	0
Person 2	450,827	402,479	472,708	472,708	97,900	638,075	499,489	472,708	402,479	70,229	73,925
Peroon 3	0	0	0	0	0	0	0	0	0	0	0
Person 4	0	0	0	0	0	0	0	0	0	0	0

총합: 73,925

비재직 가입자

성함	R1	R2	R3	R4	R5	VSTB	P2	VSTR	R2	과소적립 (= VSTR - R2)	단일 보험료 (비용 포함)
Person 1	0	0	0	0	0	0	0	0	0	0	0
Person 2	345,818	323,240	345,818	345,818	89,077	345,818	323,240	345,818	323,240	22,578	23,766
Person 3	151,988	131,646	151,988	151,988	54,931	151,988	131,646	151,988	131,646	20,342	21,412
Person 4	151,988	131,646	151,988	151,988	54,931	151,988	131,646	151,988	131,646	20,342	45,179

총합: 119,104

세금 제외
R5는 3.75%에 계산 - 수직적 발생

제4장

지급여력, 재무상태표,
그리고 연금

지급여력, 재무상태표, 그리고 연금

사망률(mortality)과 장수(longevity)의 관점에서 볼 때, 우리 사회와 계리사들은 노동 능력이 감소하는 노년기에도 안정적이고 지속가능한 생활을 보장하기 위해서는 연금재원을 적기에 적립하는 것이 필수적이라는 점에 공감하고 있다.

연금 준비금(reserving)을 조성하기 위해서는 우선 재원적립(funding)이 이루어져야 하며, 이를 위해 연금 비용을 장기간에 걸쳐 분산하는 다양한 재원적립 기법이 개발되어 왔다. 연금이 재원적립 방식으로 운영되면 상응하는 준비금이 형성되므로, 사회보장적 관점에서는 이러한 준비금이 지급 대상자인 가입자에게 확실히 귀속되도록 보장하는 수급권 확정(vesting) 제도가 필요하다. 이상적인 제도 환경에서는 사회적 책임 (social responsibility)과 연금재정을 감당할 수 있는 재정 능력(financial capacity)이 균형을 이루는 것이 바람직하다.

그러나 재원적립이 충분히 이루어졌고, 수급권 확정이 사회적으로 보장된 상황이라 하더라도, 과연 연금 약속이 향후 수십 년 동안 안정적으로 이행될 것이라고 확신할 수 있을까? 연금사업자나 제도 후원자가 연금기금 또는 단체보험사의 주요 운용기금의 재정 건전성을 장기간 유지할 수 있을 만큼 재정적으로 안정적으로 유지할 수 있다는 보장은 없다. 금융·산업·시장 환경은 빠르게 변할 수 있으며, 경우에 따라 극단적인 이벤트가 발생할 수도 있다. 따라서 적립방식(capitalisation)을 연금 준비금 조성의 기본구조로 채택한 연금제도에서는 지급불능(insolvency) 상황에서도 가입자와 수급자를 보호할 수 있도록 충분한 자기자본을 보유하는 것이 필수적이다. 연금기금은 예상치 못한 손실을 흡수하고 시장 변동성(volatility)에 효과적으로 대응할 수 있는 수준의 자기자본을 확보해야 한다.

그렇다면 어느 수준의 자기자본을 '충분하다'고 평가할 수 있을까?

지급여력비율(solvency ratios)은 다양한 회계 및 계리 원칙을 기반으로 여러 방식으로 정의될 수 있다. 그러나 한 가지 공통된 요건은 분명하다. 지급여력 척도는 연금제도 운영과 관련된 모든 유형의 리스크를 포괄하고, 장기적으로 중요한 요소들까지 반영해야 한다는 점이다. 따라서 연금 계리사에게는 리스크의 정확한 식별(risk identification)과 정량화(risk quantification) 능력이 핵심적이며, 계리 모델을 구체적인 상황에 맞게 조정할 수 있어야 한다.

이 장에서는 재무상태표를 포함하여 자기자본(own funds), 위험자본(risk capital), 스트레스 테스트(stress test), 시나리오 분석(scenario thinking) 등을 체계적으로 살펴볼 것이다.

IV.1. 연금 리스크에 대한 이해

연금제도에서 리스크란, 연금기금의 평가가치가 예상치 못한 부정적 변동을 겪는 가능성을 의미한다. 여기서 평가가치(appraisal value)는 향후 발생 가능한 다양한 사건의 영향을 반영하여 할 수 있는 여러 사건의 영향을 반영하여 산출된 연금기금의 경제적 가치(economic value)를 의미한다.

주요 리스크 범주에는 시장 리스크, 신용 리스크, 계리 리스크, 사업 리스크, 유동성 리스크가 있으며, 이는 표 IV.1. '리스크 분류'에 정리되어 있다.

표 IV.1. 리스크 분류

시장/ALM 리스크	신용 리스크	계리 리스크	사업 리스크	유동성 리스크
주식 리스크	발행자/투자 신용 리스크	준비금 리스크	비용 리스크	시장 유동성 리스크
금리 리스크	거래상대방 신용 리스크	사망/장수 리스크	운영 리스크	자금조달 유동성 리스크
부동산 리스크	국가 간 이전 리스크	기여금 리스크		
환율 리스크	결제 리스크			
기타 시장 리스크				

시장 리스크(market risk)는 주식, 금리, 부동산, 환율 등 시장가격 변동으로 인해 연금기금의 재무상태(financial position)가 악화될 수 있는 위험을 의미한다.

신용 리스크(credit risk)는 채무자가 약정된 의무를 이행하지 못할 경우 발생하는 채무 불이행 리스크(default risk), 즉 부도 위험을 의미한다.

계리 리스크(actuarial risks)는 손실 발생의 빈도(frequency), 규모 (severity), 상관성(correlation) 등과 같은 다양한 요소를 반영해 수리적으로 산출된 모델이 부정확할 가능성, 또는 예상치 못한 사건으로 인해 모델이 영향을 받을 수 있는 위험을 의미한다. 이러한 리스크는 보험수리 가정이 현실과 다르게 전개될 경우 발생할 수 있다.

사업 리스크(business risks)는 향후 발생 가능한 사건이 비즈니스 목표 달성을 방해하는 위험을 의미한다. 이 범주에는 주로 운영 리스크 (operational risk)와 준법 리스크(compliance risk)가 포함된다. 운영 리스크는 내부 프로세스, 인력, 시스템 또는 외부 사건으로 인해 발생할 수 있으며, 준법 리스크는 법규나 규정을 준수하지 못해 발생하는 위험을 가리킨다.

유동성 리스크(liquidity risk)는 금융자산을 시장가격에 부정적인 영향을 주지 않고 제때 매각하거나 현금화하지 못할 위험을 의미한다.

위험을 조기에 명확히 식별하는 것은 연금제도와 관련한 모든 이해관계자, 즉 연금기금, 가입자, 수급권자, 계획 후원자 및 정부에게 핵심적인 요소이다. 리스크는 새롭게 발생하는 잠재적 리스크일 수도 있고, 기존에 존재했지만 그 영향력이 미미했던 리스크가 점차 집중되거나 확대되어 중요한 리스크로 발전할 수도 있다. 따라서 리스크는 일회성 평가로 끝나지 않고, 지속적으로 모니터링하고 평가해야 한다. 리스크가 식별된 후에는 계리사가 해당 리스크의 특성과 규모에 적합한 정량적 방법을 사용하여 이를 측정하고, 분석하며, 평가해야 한다.

IV.2. 연금 리스크의 정량화와 한계

위험자본(risk capital)은 연금기금 또는 생명보험사가 지급여력 (solvency) 요건을 충족하기 위해 확보해야 하는 가용자기자본(available own funds)의 규모를 의미한다. 여기서 핵심 질문은 연금사업자가 극단적인 시나리오에서도 손실을 흡수할 수 있을 만큼 '충분한' 자기자본을 보유하고 있는지 여부이다.

손실은 무작위적 사건(random events)이지만, 일부는 예측 가능하고 일부는 예측 불가능하다. 예상손실(expected losses)은 보유자산에서 부채를 차감한 금액인 순자산가치(NAV, Net Asset Value)의 '최선의 추정치(best estimate)'를 통해 측정할 수 있다. 연금제도의 건전성을 확보하기 위해서는 연금 활동을 계리적으로 체계화하고 예측하는 것이 필수적이다.

예상치 못한 손실은 연금기금이 흡수해야 하는 순자산가치의 "변동성 (volatility)"을 통해 측정할 수 있으며, 이러한 재정적 충격을 흡수하기 위해 충분한 위험자본(risk capital)이 필요하다.

리스크를 정량화하는 다양한 계리적 기법이 활용될 수 있다.

표 IV.2. '리스크 모델'은 연금 리스크를 포착하고 분석하기 위해 오늘날 널리 사용되는 세 가지 주요 개념 및 기법을 소개하고 있다.

표 IV.2. 리스크 평가 모델

I. 위험자본 (Risk capital)	정의	최악의 충격 상황에서도 연금채무를 이행할 수 있는 요구 자본을 평가
	방법	주로 특정 기간의 경제적 위험을 측정
	목적	규제 요구사항에 부합하는지 평가
II. 스트레스 테스트 (Street test)	정의	스트레스 시나리오가 재무상태표에 미치는 부정적 또는 긍정적 영향을 정량화
	방법	재무상태표 영향 평가 또는 종합적 접근법(holistic)
	목적	법적 규제의 요구사항에 부합하는지 평가
III. 시나리오 분석 (Scenario analysis)	정의	다양한 시나리오가 재무상태표에 미치는 영향을 평가
	방법	여러 기간에 걸쳐 재무상태표와 손익계산서의 시뮬레이션 평가
	목적	주로 내부모델로 평가

위험자본평가(risk capital assessment)는 최악의 충격(worst case shock)이 발생하더라도 연금채무를 안정적으로 이행할 수 있는 자본수준을 평가하는 절차이다. 이러한 평가는 연금사업자의 지급여력 상태 (solvency position)에 따라 달라질 수 있으며, 지급여력이 충분한 경우와 그렇지 않은 경우에 요구되는 자본수준은 다르게 설정될 수 있다.

스트레스 테스트(stress test)는 특정 충격 시나리오가 재무상태표에 미치는 영향을 정량적으로 평가하는 기법이다. 반면, 시나리오 분석 (scenario analysis)은 여러 기간에 걸쳐 다양한 사건의 전개가 비즈니스 성과에 미치는 영향을 평가하는 방법이다.

IV.3. 위험자본 평가 방법론

위험자본 평가방법론(risk capital methodology)의 기본 원리는 연금 사업자의 재무상태표에 부정적 영향을 미칠 수 있는 사건(unfavourable event)에 대비하기 위한 완충장치(buffer)로서 가용 자기자본을 확보하는 것이다. 이 원리는 그림 IV.1에 도식화되어 있다. 자산과 부채의 변동은 가용완충자본(available buffer)의 규모에 영향을 미치며, 이에 따라 완충자본의 변동성이 발생할 수 있다.

그림 IV.1. 완충장치로서의 가용 자기자본

여기서 핵심적인 문제는 요구되는 가용자본의 규모를 어떻게 산정할 것인가에 있다. 이는 재무상태표의 양 측면인 자산과 부채 모두 평가의 변동성(valuation volatility)에 영향을 받기 때문이다. 즉, 자산가치의 시장 가격 변동이나 계리적 가정 변화는 요구자본 수준에 직접적인 영향을 줄 수 있다.

그러나 요구자본(required capital)에 대한 절대적인 정의는 존재하지 않는다. 자본의 정의와 그 수준은 어떤 평가개념을 적용하는가에 따라 달라질 수 있으며, 이는 그림 표 IV.2에서 설명하고 있다.

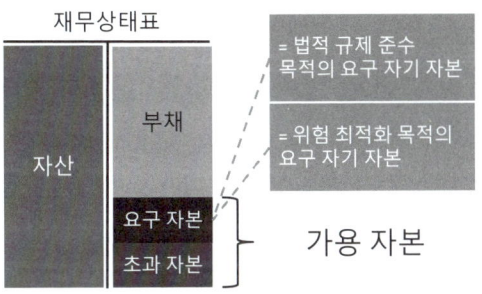

그림 IV.2. 가용자본의 정의

경제적위험자본(economic risk capital)은 특정 기간 동안의 기대값(최선의 추정치)과 최악의 시나리오(worst case scenario)의 값 사이의 경제적 가치(economic value)의 차이로 정의된다. 다시 말해, 평균적인 기대손실을 초과하여 발생할 수 있는 예상치 못한 손실을 보전하기 위해 필요한 자본이다. 이 자본은 기간이 종료된 시점에도 퇴직연금제도 가입자와 모든 이해관계자에 대한 계약상 의무를 이행할 수 있는 수준의 재정적 건전성을 유지하도록 설정된다.

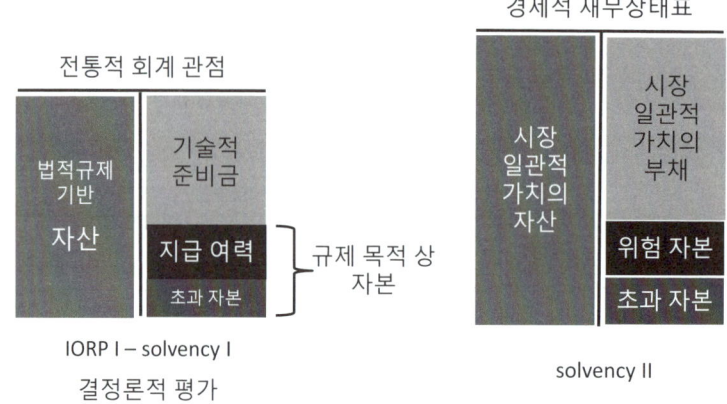

전통적 회계 관점

법적규제 기반 자산	기술적 준비금
	지급 여력
	초과 자본

규제 목적 상 자본

시장 일관적 가치의 자산

시장 일관적 가치의 부채

위험 자본

초과 자본

IORP I – solvency I
결정론적 평가

solvency II

그림 IV.3. 사업의 경제적 가치 변동성에 따른 자본 측정[26]

위험자본을 측정하기 위해서는 자산과 부채의 가치평가 방식을 어떻게 설정할 것인지 명확하게 정의해야 한다. 이런 정량적 평가나 계리사들이 장기간 개발한 모델에서는 일반적으로 시장일관적가치(market consistent value) 개념이 적용된다.

시장일관적 가치평가(market consistent valuation)는 신규사업의 현금흐름에 대해 시장가격을 최대한 정확하게 복제(replicate)하는 평가방법이다. 이 과정에서 산출된 가격 추정치는 보정(calibration)에 사용하는

---

26) 그림 IV.3의 IORP I(Institutions for Occupational Retirement Provision Directive I)은 유럽연합(EU)이 채택한 직업연금제도 규제지침의 초기 버전이다. IORP II는 IORP I 지침을 2016년 대체하면서 건전성 요건뿐 아니라 거버넌스, 위험관리, 정보공시 등을 대폭 강화하였다. Solvency I는 보험 및 연금기관의 지급여력을 평가하기 위한 규제 프레임워크로, 자본요건을 단순히 일정비율로 설정하는 방식, 즉 전통적 회계 관점을 취하고 있다. Solvency II는 리스크 기반(risk-based) 접근을 채택해 단순히 회계상의 장부가액이 아니라, 시장환경과 불확실성을 반영한 실질적 경제가치를 중심으로 리스크를 평가하고, 이에 필요한 자본을 산정하는 접근방식이다.

기초자산의 실제 시장가격에 최대한 근접하도록 설정된다. 여기서 보정 (calibration)은 모수나 가격을 현실 세계에 가장 가깝게 설정하는 절차를 의미한다. 시장일관적 가치평가는 다양한 방법으로 구현될 수 있으며, 서로 다른 모델이 상이한 부채평가의 결과를 도출하더라도 시장일관성은 유지될 수 있다.

이 과정에서 핵심 고려사항은 보정에 사용되는 기초자산(underlying assets)의 선택, 시장 데이터가 불충분할 때 적용하는 모델 가정, 그리고 결정론적 예측(deterministic projections)이나 확률론적 시뮬레이션(stochastic simulation)에 기반한 알고리즘의 구성 등이다.

시장가격에 강하게 보정된(strongly calibrated) 데이터를 기반으로 계산된 추정치를 '공정가치평가(marked-to-market)'라고 한다. 반면, 충분한 시장 데이터가 존재하지 않아 모델링(modelling)을 통해 결과를 도출하는 방식은 '모형기반평가(marketed-to-model)'라고 한다.

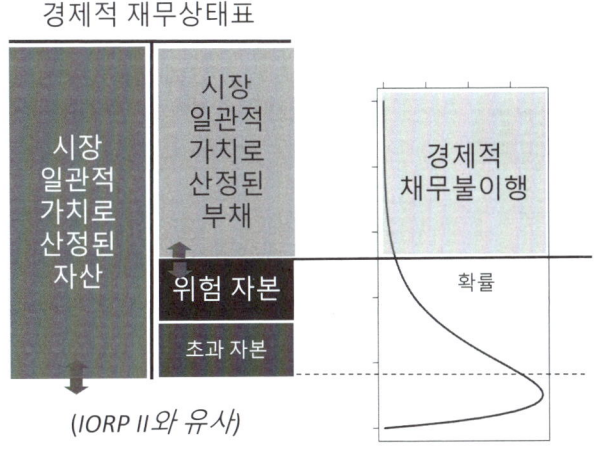

그림 IV.4. 연금 비즈니스 경제적 가치의 불확실성

위험자본을 측정하는 기저에는 미래경제적가치의 분포(future economic value distribution)라는 개념이 존재한다. 그러나 이 분포는 완전히 불확실한 정보이다(그림 IV.4. 연금 비즈니스 경제적 가치의 불확실성). 이러한 가치분포(value distributions)는 경제적 가치 또는 그 변동에 대해 가능한 결과가 발생할 확률을 제공한다. 일반적으로 이 분포는 매우 낮은 확률로 매우 큰 손실이 발생할 수 있는 매우 긴 꼬리[27](long tails)를 가진 것으로 알려져 있다.

마지막으로, 연금기금의 자기자본 요구사항, 즉 위험자본과 그보다 여유 있는 초과자본을 평가할 때는 목표지급불능확률(target insolvency probability)이라는 핵심요소를 함께 고려해야 한다. 이는 정해진 기간 동안 연금기금이 지급불능 상태에 빠질 확률을 어느 수준 이하로 통제할지를 의미하며, 위험허용수준에 따라 자본 요구치가 결정된다.

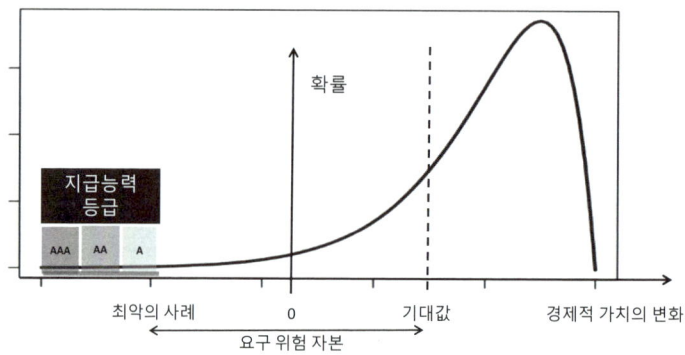

그림 IV.5. Solvency II: 1년 기준 VaR에 따른 리스크 기반 자본요구

---

27) 극단적인 손실(예: 시장 붕괴, 금리 급등 등)로 발생할 확률이 매우 낮지만, 발생할 경우 중대한 영향을 미칠 수 있는 값이 나타나는 현상을 의미한다.

보험 리스크 체계인 Solvency II는 1년 동안 발생할 수 있는 최대손실액 (Value at Risk, VaR)을 기준으로 리스크를 자본 요구량으로 환산하는 방식을 채택한다. 이는 주어진 1년 동안 발생할 수 있는 최악의 손실 규모를 확률적으로 평가하여 필요한 자기자본 수준을 결정하는 것이다.

반면, 더 일반적으로는 목표지급불능확률(target insolvency probability)을 설정하여, 해당 확률 내에서 발생할 수 있는 손실을 감당하기 위해 필요한 미래 자기자본 수준을 산출할 수도 있다.

이러한 위험자본 산정방식은 신용평가기관(credit agencies)이 사용하는 평가방식과는 본질적으로 다르다. 신용평가기관은 재무상태표를 분석해 기업의 신용도(credit worthiness) 또는 디폴트 가능성(probability of default)을 평가하는 데 중점을 두지만, 위험자본 산정은 재무상태표를 활용해 목표지급여력(target solvency)을 최적화하는 데 초점을 맞춘다.

이 목표지급여력은 규제 목적에 따라 최소자본요구[28](MCR) 또는 지급여력요구자본[29](SCR)으로 설정될 수도 있다. 또한, 상업적 목적으로 금융기관이나 금융그룹 전체의 재무건전성(financial strength)을 시장에서 신뢰받을 수 있는 수준으로 유지하는 데 활용되기도 한다. 현재로서는 가치평가기준과 재원적립 요구사항은 여전히 국가별로 결정되며, 보험사와 연금기금 간에도 적용 기준이 다를 수 있다.

---

28) Minimum capital requirements: 가장 기본적인 최소 자본 요건으로 지급불능 위험을 즉시 방지하는 데 필요한 수준의 자본 요건이다.

29) Solvency capital requirements: 다양한 리스크(시장 리스크, 보험 리스크, 운영 리스크 등)를 포괄하여 1년 내 지급불능 확률을 0.5% 이하로 통제하기 위한 자본 요건이다.

IV.4. 위험자본 평가 방법론은 연금에 적절한가?

위험자본 접근방식(risk capital approach)에서는 전체 위험 영역(universe of risk)을 여러 위험 범주로 구분하고(표 IV.1 참조), 이를 다시 측정 가능한 개별 리스크로 세분화한다. 이처럼 나누어진 각각의 위험 요소는 개별적으로 평가되어야 한다. 리스크 평가(risk valuation)는 가능한 한(as much as possible) 시장 정보와 미래 사건 및 시나리오의 발생 확률을 기반으로 이루어지며, 각 상품, 기금, 또는 급여의 고유 특성과 행태를 최대한 반영하여 수행된다.

그렇다면 "가능한 한" 시장일관성(market consistent)을 유지한다는 것은 무엇을 의미하는가?

시장일관성(market consistency)의 정의는 겉보기에는 단순해 보이지만, 실제로는 결코 그렇지 않다. 이는 기초가 되는 다양한 선택권(option)이 존재하여, 이에 대한 행사여부가 이해관계자의 판단에 따라 달라지기 때문이다. 즉, 동일한 시장 데이터를 사용하더라도 이해관계자의 가정, 판단, 선택에 따라 전혀 다른 평가 결과가 나올 수 있어, 완전한 시장일관성을 확보하는 데에는 현실적인 한계가 있다.

연금기금이나 연금사업자는 종종 가입자 또는 계약자에게 이익을 배분할 수 있는 선택권(option)을 부여받는다. 재직중인 가입자의 경우, 이익배분은 연금수급연령에 도달했을 때 확정된 수급권이 반영된 개인계좌의 잔액 증가로 나타날 수 있다. 기존 수급자의 경우에는 현재 지급 중인 노령연금의 급여 인상으로 나타날 수 있다.

이러한 이익배분 선택권의 행사 여부는 대부분 연금기금 또는 보험사의 거버넌스 조직의 재량적 결정에 따라 이루어지며, 때로는 상업적 목적(예: 고객 유치나 계약 유지 등 마케팅 전략)의 일환으로 결정되기도 한다. 또한, 거버넌스 체계하에 있는 기금 투자자들은 기금운용 과정에서 발생한 잠재적인 투자이익을 실현할지 여부를 선택할 수 있다. 이 선택 역시 시장일관적 평가에 있어 중요한 변수로 작용한다.

정량화할 수 없거나, 정량화가 매우 어려운 리스크는 어떻게 다뤄야 할까? 이러한 유형의 리스크는 항상 존재하며, 이 경우 다소 임의적인 값을 부여하거나, 때로는 심각한 상황에서 매우 중대한 영향을 미칠 수 있음에도 불구하고 무시되는 경우가 있다.

실무에서는 평가가능한 위험(assessable risks)은 리스크 평가 대상에서 제외되는 경향이 있다. 여기서 '평가 가능하다'는 것은 헤지(hedged)될 수 있다는 것을 의미한다. 여기에서 헤징(hedging)이란 시장에 존재하는 금융상품을 활용하여 불리한 가격 변동의 위험을 상쇄할 수 있는 능력을 의미한다. 헤징은 본질적으로 "반대 방향의 투자"를 수반하며, 기술적으로는 "완전히 음(-)의 상관관계(perfectly negative correlation)"를 가진 두 자산에 동시에 투자하여, 하나의 자산가치가 상승하면 다른 자산가치는 하락함으로써 전체적인 포트폴리오의 변동성이 상쇄되는 구조를 의미한다.

개별 위험을 세분화하고 정량적으로 측정하는 것만으로는 충분하지 않다. 위험의 분산(diversification), 통합(aggregation) 또는 집중(concentration), 그리고 위험 간의 상호의존성(dependency)은 반드시 고려되어야 한다. 이러한 요소들은 계리적 계산모델에 통합되어야 하며, 이로 인해 전체 위험평가 접근방식은 더욱 복잡해지고, 해석의 여지도 넓어진다.

하지만 무엇보다도 연금은 순수한 보험상품과는 본질적으로 다르다.

제2장과 제3장에서 설명한 바와 같이, 연금제도는 확정급여형(DB), 확정기여형(DC), 현금잔고형 등 다양한 유형을 포함하며, 각각 상이한 재원적립방식과 건전성 규제(prudential legislation) 체계와 연결되어 있다. 또한, 연금제도는 정치적 결정과 사회적 규제에 의해 주도되므로, 연금제도 가입자를 보호하는 것은 매우 복잡한 과제가 된다.

연금은 본질적으로 장기적인 약속이다. 매우 심각한 외부 충격을 흡수할 수 있는 능력은 연금채무 이행에 필요한 시간적 범위(time frame)와 제도 내에 구축된 회복 메커니즘(recovery mechanisms)의 통합 여부에 크게 좌우된다.

IV.5. 스트레스 테스트

스트레스 테스트는 장기간에 걸쳐 다양한 위험 요인으로 인해 발생할 수 있는 극심한 악조건 하에서 금융기관, 특정 산업 부문, 또는 국가경제의 재정 건전성을 예측(forward looking)하는 시뮬레이션이다.

이 테스트는 단일위험요소나 단기간에 한정하여 수행될 수도 있으며, 전통적으로 '극단적이지만 실제로 발생 가능한(extreme but plausible)' 상황을 전제로 시나리오를 활용한다.

스트레스 테스트는 금융기관뿐만 아니라 건전성 감독기관(prudential

supervisors)에서도 널리 사용된다. 연금기금과 보험사와 같은 개별기관은 물론, 퇴직연금제도와 같은 전체 시스템 수준에서도 극단적인 충격에 대한 취약성과 회복력을 평가하고 정량화하는 데 활용된다. 다양한 위험 시나리오 하에서 발생할 수 있는 부정적인 결과를 측정하여, 이러한 위험들이 현실화되었을 때 해당 기관이 손실을 흡수할 수 있는 능력을 평가하고, 추가적인 보호 조치가 필요한 영역을 식별하는 데 도움을 준다.

유럽보험연금감독청(European Insurance and Occupational Pensions Authority, 이하 'EIOPA')에 따르면, 스트레스 테스트는 퇴직연금 부문이 시장의 부정적인 변화에 얼마나 민감한지를 평가하는 중요한 감독 수단이다. 스트레스 테스트는 금융 시스템 전체의 안전성에 대해 신뢰성 있는 평가를 도출하고, 소비자 보호를 강화하기 위한 기초자료를 제공한다.

EIOPA는 퇴직연금 부문을 대상으로 정기적으로 스트레스 테스트를 실시하며, 이때 국가재무상태표(National Balance Sheet[30], 이하 NBS로 표기)뿐만 아니라 공통체계 재무상태표(Common Framework Balance Sheet[31], 이하 CFBS로 표기)도 평가 대상에 포함한다.

이 장의 후반부에서는 국가재무상태표와 단순화된 공통체계 재무상태표를 활용한 스트레스 테스트의 기본 원리와 개념을 설명하는 예제가 소개될 것이다.

---

30) 유럽연합의 각 국가의 연금 및 보험 부분의 재무 상태를 나타내는 재무상태표
31) 개별 국가의 기준으로 작성된 NBS와 달리 유럽연합 차원에서 통일된 기준으로 작성된 재무상태표, 과거에는 Holistic Balance Sheet로 불렸음

IV.6. 공통체계 재무상태표의 소개

연금의 자본기반(capital base)을 유지하고, 궁극적으로 가입자와 수급자를 보호하며, 장기적인 약속을 유효하게 이행하는 능력을 확보하는 것은 여전히 복잡한 과제이다. 이는 연금제도의 생태계가 수많은 이해관계자, 다양한 제도, 법적·제도적 규제가 서로 얽혀 있는 구조이기 때문이다. 정상적인 상황에서는 국가재무상태표나 건전성 재무상태표를 통해 연금기관의 재정 건전성을 명확하고 현실적으로 평가할 수 있다.

하지만 장기적인 관점에서 가입자와 수급자를 보호하기 위한 궁극적인 목표를 달성하려면 모든 이해관계자를 통합적으로 고려하고, 다양한 제도와 위험을 포괄하는 계리적 측정도구가 필요하다. 실제로 위험분담(risk-sharing) 또는 보장 메커니즘(security mechanism)은 매우 다양한 형태로 존재한다.

연금제도에서 발생하는 리스크는 연금 제공기관(보험사 또는 연금기금), 사용자(고용주), 가입자 및 수급자, 제3자 등 여러 주체가 단독 또는 공동으로 부담할 수 있다. 이러한 리스크에 대비하기 위한 보장 메커니즘(security mechanisms)은 다양한 형태로 마련될 수 있다. 예를 들면, 연금사업자에 대한 지급여력요구자본(SCR[32]) 적용, 후원기관(고용주)의 재정

---

32) Solvency Capital Requirement, 보험사 또는 연금기관이 감당해야 할 잠재적 리스크를 고려하여 유지해야 할 최소 자본금 수준으로, Solvency II의 핵심 개념이며, 지급불능을 방지하기 위한 주요 지표임.

지원, 제3자가 운영하는 연금보호제도(PPS[33]), 가입자 또는 수급자를 대상으로 한 급여조정 메커니즘(benefit adjustment mechanisms[34]), 또는 이들의 조합으로 구성될 수 있다.

특히 급여조정 메커니즘에는 조건부 물가연동(conditional indexation), 수익기반 조정방식(for-profit mechanisms), 그리고 최후의 수단으로 이미 발생한 급여의 삭감안도 포함될 수 있다(표 IV.3 참조).

표 IV.3. 위험 부담 주체와 가능한 조치

위험 부담 주체	개입 수단
연금 사업자(pension provider)	건전성 규제
	재원적립 및 연금채무 규정
	지급여력 자본요건
사용자(plan sponsor)	재원적립 요건
	사용자 지원
제3자 기관	연금보호제도(PPS)
	연금기관 위기 시 국가 개입제도
가입자/수급자/피보험자	급여조정 메커니즘
	조건부 연금인상
	운용사 수익 및 위험전가
	급여/적립 축소
	재량적 급여조정

EIOPA는 연금 생태계의 모든 제도 구조와 보장 메커니즘을 포괄적으로

---

33) Pension Protection Schemes, 고용주 파산 등으로 인한 지급 불능 시 일정 수준의 연금급여를 보장해 주는 제도
34) 자산 수익률이나 지급여력 등에 따라 미래 급여 수준을 조정할 수 있는 장치

평가하기 위해 공통체계 재무상태표(common framework balance sheet)
를 제안하였다(그림 IV.6 참조).

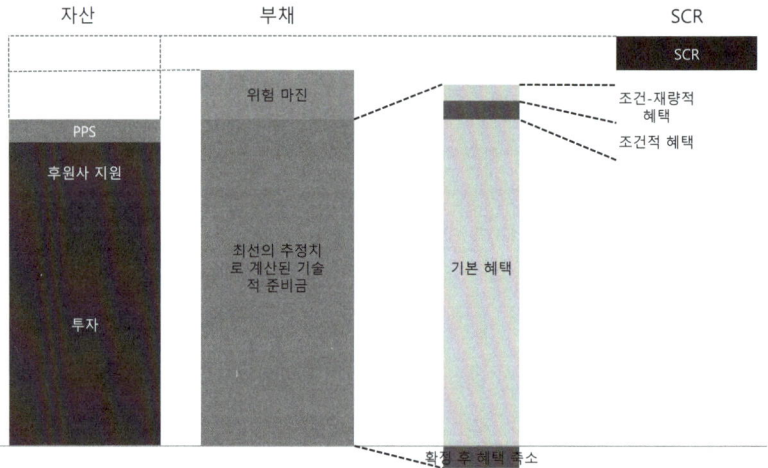

자산　　　　　　부채　　　　　　　　　　　　SCR

SCR

위험 마진

조건-재량적
혜택
조건적 혜택

PPS

후원사 지원

최선의 추정치
로 계산된 기술
적 준비금

기본 혜택

투자

환정 후 혜택 출소

그림 IV.6. 공동체계 재무상태표 구성 체계(EIOPA)

　이 공통체계 재무상태표는 모든 보장 메커니즘(security mechanisms)
과 급여조정 메커니즘을 명시적으로 인식하고 평가하여, 재무상태표에
포함함으로써 연금제도의 다양한 요소를 포괄적으로 반영한다.

- 자산 측면에서는 자산 및 투자가액 외에 연금 후원자의 재정 지원과
  연금보호제도(PPS)의 계산된 가치도 인식될 수 있다.
- 부채 측면에서는 다양한 유형의 연금지급 의무뿐만 아니라 무조건적
  (unconditional), 조건적(conditional), 재량적(discretionary) 급여를
  기술적 준비금의 최적 추정치에 포함할 수 있으며, 필요시 예상되는

급여 감액 가능성 또한 함께 반영될 수 있다.

공통체계 재무상태표에 포함되는 모든 자산과 부채는 반드시 시장일관성기준(market consistent basis)에 따라 평가되어야 한다. 시장 일관성(market consistency)은 기본적인 객관적 평가기준이지만, 리스크를 헤지하기 어려운 경우에는 정확한 추정에 한계가 있을 수 있다. 이러한 리스크의 가치를 산정하기 위해 공통체계 재무상태표에서는 기술적 충당금(technical provisions)의 최적 추정치에 위험마진(risk margin)을 추가로 반영하여 평가한다.

이 공통체계 재무상태표는 사전에 정의된 공통의 표준 스트레스 시나리오에 따라 리스크 평가가 수행되는 데 사용된다. 또한 부채의 핵심 구성요소인 기술적 충당금은 제도 간 비교 가능성(comparability)과 투명성(transparency)을 높이기 위해 모든 제도에서 동일한 무위험 금리구조(risk-free discount rate term structure)를 적용하여 산출되어야 한다. 이러한 결과들은 궁극적으로, 심각한 상황에서 연금기금이 어느 정도의 회복력을 가지고 있는지 종합적으로 파악하게 하며, 퇴직연금제도의 가입자와 연금 후원자에게 유의미한 통찰을 제공할 수 있어야 한다.

여기에서는 기본 원리와 개념을 설명하기 위해, 임의의 수치와 규모를 적용한 가상의 연금기금을 예제로 소개한다.

1. (국가)지역 재무상태표

단순화된 스트레스 테스트 사례의 출발점으로, 해당 연금기금의 재무상태표를 국가별(또는 지역별)에서 일반적으로 인정된 회계기준에 따라 작성해보자. 이때 재무상태표에 반영되는 재원적립 요구사항은 각국의 거버넌스 규칙에 따라 설정된다(표 IV.4 참조).

표 IV.4. NBS 자산 항목

BALANCE SHEET ON 31/12/YYYY IN €		Basis
	ASSETS	
I.	Goodwill	0
II.	Fixed Assets/intangible assets/materials	0
III.	Investments	20,302,636
	1. Investment property	1,000,000
	EU	500.000
	non-EU	500.000
	2. Tradable titles and other financial instruments	0
	A. Shares and other similar securities	0
	B. Bonds and other tradable debt instruments	0

	3. Rights in mutual funds and investment funds	15,302,636
	4. Derivative financial instruments	0
	A. Options (+) (−)	0
	B. Term structures (+) (−)	0
	C. Swaps (+) (−)	0
	D. Other (+) (−)	0
	5. Fixed term	0
	6. Other investments	4,000,000
	Commodities	1,000,000
	Hedge funds	3,000,000
	Other	0
IV.	Share of insurance and reinsurance undertakings in the technical provisions	0
	A. Pension and death	0
	B. Disability	0
	C. Other	0
V.	Receivables	400.000
	A. Contributions receivable	400.000
	1. According to the financing plan	400.000
	2. Other	0
VI.	Cash	2,000,000
VII.	Transit accounts	0
	A. Accrued profit	0
	B. Transferable costs	0
	TOTAL	22,702,636

이 가상의 재무상태표는 자산과 부채가 각각 2,270만 유로로 동일하게 설정되어 있다. 예시의 단순화를 위해 영업권(goodwill), 무형자산

(intangible assets), 파생상품(derivatives), 보험 및 재보험사의 지분(share of insurance/reinsurance undertakings)과 경과계정[35](transit accounts) 등 일부 항목은 0으로 설정하였다.

투자자산의 총액은 은 총 2,030만 유로로 설정하였다.

표 IV.5. NBS 부채 항목

	LIABILITIES	
I.	Own funds	1,667,083
	A. Social fund	845.661
	B. Solvency margin	821.422
	C. Transfer losses (−)	0
II.	Technical provisions	20,535,552
	A. Pension and death	20,535,552
	B. Disability	0
	C. Profit sharing	0
	D. Other	0
III.	Provisions for risks and expenses	0
IV.	Debts	500.000
	A. Technical debts	500.000
	B. Fiscal and parafiscal debts	0
	C. Collateral	0
	D. Financial debts	0
	E. Other	0
V.	Transit accounts	0

35) 회계 항목이 다른 계정으로 이동하기 전, 일시적으로 머무는 중간 계정

	A. Accrued profit	0
	B. Expenses to account	0
	TOTAL	22,702,636

기술적 충당금은 총 2,050만 유로로 설정되어 있다.

2. 통화별 구성 분석

연금기금이 다수의 통화로 포트폴리오를 보유하고 있는 경우, 이러한 포지션은 반드시 각 통화별로 구분하여 표기해야 한다. 이는 통화 간 환율 변동에 따른 리스크를 명확히 식별하고, 연금기금의 환위험(currency risk) 노출도를 체계적으로 관리하기 위한 기본 절차이다.

표 IV.6. NBS 통화별 자산 구분

		EUR	GBP	DKK	NOK	SEK	USD	Other
III. INVESTMENTS	20,302,636	8,662,669	943,932	241,078	1,012,669	131,407	5,670,640	3,640,240
1. Investment property	1,000,000							
EU	500,000	500,000						
non-EU	500,000		500,000					
2. Tradable Titles and other financial instruments	0							
A. Shares and other similar securities	0							
B. Bonds and other tradable debt instruments	0							
3. Rights in mutual funds and investment funds	15,302,636	7,162,669	443,932	241,078	1,012,669	131,407	2,670,640	3,640,240
4. Derivative financial instruments	0							
A. Options(+)(-)	0							
B. Term structures(+)(-)	0							
C. Swaps(+)(-)	0							
D. Other(+)(-)	0							
5. Fixed term	0							
6. Other investments	4,000,000							
Commodities	1,000,000	1,000,000						
Hedge funds	3,000,000						3,000,000	
Other	0							

이 가상의 연금기금은 EUR(유로), GBP(영국 파운드화), DKK(덴마크 크로네), NOK(노르웨이 크로네), SEK(스웨덴 크로나), USD(미국 달러) 및 기타 통화로 자산을 보유하고 있다. 다음 단계에서 스트레스 테스트가 적용되면, 정의된 스트레스 조건에 따라 통화별 영향은 서로 다르게 나타 날 수 있다.

3. 기초자산접근법(Look-through approach)

기초자산접근법(look-through approach, LTA)은 자산의 건전성(quality), 민감도(sensitivity), 그리고 다양한 자산군 간의 분산투자(diversification) 에 대해 충분한 통찰력과 투명성을 확보하는 중요한 분석기법이다. 이 방 법은 집합투자기금(collective investment funds)이나 간접투자(indirect exposures)를 통해 보유하고 있는 모든 자산군을 개별 기초자산 수준으 로 분해하여 분석한다. 즉, 단순히 투자펀드나 외부 운용상품 단위로 평 가하는 것이 아니라, 그 안에 포함된 자산 하나하나의 특성과 리스크를 직접적으로 파악하는 방법이다.

투자펀드가 다른 투자펀드에 재투자하는 구조를 가지고 있는 경우, 기 초자산에 대한 추적을 여러 단계에 걸쳐 반복해야 할 수도 있다.

표 IV.6은 NBS의 통화별 구성(currency decomposition) 분석을 통해 가 상의 연금기금이 보유한 투자유형을 나타낸다.

1. EU 및 비EU지역의 투자용 부동산(Investment property, both EU

and non-EU)

3. 뮤추얼 펀드 및 투자펀드에 대한 권리(Rights in mutual funds and investment funds)

6. 원자재 및 헤지펀드(Commodities and hedge funds)

이제 각 투자상품(investment instruments)에 대해 더 구체적으로 설명할 필요가 있으며, 특히 뮤추얼펀드 및 투자펀드에 대한 권리(rights in mutual funds and investment funds)는 상세하게 다루어야 한다.

표 IV.7은 다른 펀드에 대한 권리로 이루어진 총 1,530만 유로 규모의 투자에 대해 기초자산접근법을 적용하여 분석한 세부 내역을 보여 준다. 이 표는 각 기초자산을 자산군별로 분해하여, 전체 투자 포트폴리오에서 차지하는 비중과 관련 리스크를 식별하는 데 도움을 준다.

표 IV.7. NBS 기초자산접근법

		EUR	GBP	DKK	NOK	SEK	USD	Other
3. Rights in mutual funds and investment funds	15,302,636	7,162,669	443,932	241,078	1,012,669	131,407	2,670,640	3,640,240
Equities/shares	4,000,000							
Equities/shares listed	4,000,000							
Developed markets	3,000,000							
Europe	1,000,000	400,000	200,000	200,000	200,000			
US	1,500,000						1,500,000	
Other	500,000							500,000
Emerging markets	1,000,000							1,000,000
Equities/shares non-listed	0							
Participations	0							
Private equity/shares	0							
Other	0							
Bonds	11,326,074							
Government bonds	10,005,314							
EU	5,463,518	5,463,518						
non-EU	3,501,879	132,552	243,932	41,078	812,669	131,407		
US	1,039,917	-	-	-	-	-	1,039,917	-
Corporate bonds	1,297,321							2,140,240
Non-financial corporate bonds	793,938	721,304					72,634	-
Financial corporate bonds	503,383							
Covered bonds	55,242	44,057					11,186	
Non-covered bonds	448,141	401,238					46,903	
Structured notes	0							
Collateralised securities	0							
Loans and mortgages	0							

특별히 주목해야 할 자산은 채권(bonds)이다. 이는 국채뿐만 아니라 회사채 포트폴리오 역시 함께 면밀히 분석해야 한다.

각 채권 포트폴리오별로 반드시 확인해야 할 핵심 요소는 다음과 같다.

- 증권명/식별번호(security name/identification)
- 수량(quantity)
- 클린 프라이스(clean price)/더티 프라이스(dirty price)

'더티 프라이스'는 이표채(Coupon Bond)의 가격으로, 다음 이자 지급일까지 발생할 이자를 포함한 모든 미래 현금흐름의 현재가치를 반영한 가격을 의미한다. 더티 프라이스는 유럽 시장에서 일반적으로 인용되는 가격이며, 투자자가 실제로 지급하는 금액이다. 반면, '클린 프라이스'는 직전 이자 지급일까지의 이자를 제외한 채권의 가격이다.

- 만기일(maturity date): 채권의 원금이 투자자에게 상환되는 종료일을 의미한다.
- 쿠폰 이율(coupon rate): 채권 보유자에게 매년 지급되는 명목상 이자율(nominal yield)을 의미한다.
- (연)이자 지급 주기(frequency)
- 환율(exchange rate)
- 시장 가치(market value)
- 발행국(country of issuer)
- 신용등급(rating): 해당 채권의 신용위험 수준을 나타내며, 발행자가

원리금을 기일 내에 상환할 수 있는 능력을 평가한 결과이다.

EIOPA의 기준에 따르면, 회사채는 비금융기업채(non-financial corporate bonds), 금융기업보증채(financial corporate bonds covered), 금융기업 무보증채(financial corporate bonds non-covered)로 세분화된다. 여기서 '보증(coverage)'이란 채권 발행자가 원리금 상환 불이행을 대비해 설정하는 추가적인 보장장치를 의미한다. 한편, 국채는 EU국채, 비EU국채(미국 제외), 그리고 미국국채로 세분화된다.

4. 부채 항목 분석

부채(연금채무)는 재직중인 가입자와 현재 수급자 모두에 대해 상세히 분석되어야 하며, 두 집단 모두에 대해 각 만기별로 발생하는 모든 미래 현금흐름의 합계가 파악되어야 한다.

시장가치는 각 미래 현금흐름을 적절한 할인율로 할인된 현재가치이다. NBS에서는 해당 국가의 기준에 따른 현재가치 할인율(actualisation rate)을 적용하며, CFBS에서는 무위험이자율(Risk-Free Rate, RFR)을 기준으로 할인한다.

서로 다른 연금사업자 간의 계산 결과를 비교 가능하게 하기 위해, 공동체계 재무상태표(CFBS)에서는 무위험금리곡선의 개념을 적용한다(5절, 그림 IV.7 참조). 무위험금리(RFR)란 이론적으로 위험이 전혀 없는 자산의 수익률을 의미하며, 현실에는 존재하지 않지만, 투자자가 어떤 투자에서든 최소한 기대할 수 있는 최소수익률을 의미한다. 투자에 위험이 존재하면 투자자는 위험에 대한 보상으로 더 높은 수익률을 요구할 것이다.

무위험이자율은 EIOPA에서 매월 공시되며, 모든 재직 중인 가입자 및 현재 수급자에 대한 미래 현금흐름은 모두 명목기준으로 계산된다. NBS상에서 평가된 부채의 공정가치(fair value)는 총2,050만 유로로 설정된다.

5. 불확실성 리스크 대응

재무상태표에 대한 스트레스 테스트는 다양한 방식으로 설계될 수 있다. 전통적으로는 연금 비즈니스에 부정적인 영향을 미치는 사건들의 근본 원인을 설명하는 서술적 시나리오가 스트레스 테스트에 함께 제시된다. 이러한 부정적 영향은 자산(예: 투자 손실)이나 부채(예: 지급의무 증가) 측면에서 개별적으로 또는 동시에 발생할 수 있다. 스트레스 테스트의 충격은 충분히 심각하면서도 현실적으로 발생 가능한 수준이어야 한다.

2015년 EIOPA 스트레스 테스트의 첫 번째 충격 시나리오에서는 자산가격에 대한 즉각적인 하락과 부채 평가에 적용되는 이자율 가정의 변화가 연금제도에 미치는 영향을 평가하였다. 두 번째 충격으로는 장수 리스크를 가정하여, 지역 사망률표를 기준으로 생존율이 20% 증가하는 시나리오가 제시되었다.

이 두 충격의 영향은 즉각적인 충격이 발생하기 이전의 NBS 상태와 비교하여 평가된다. 이는 EIOPA가 제시한 공통평가방법론(common methodology)에 따라 수행된다.

스트레스 테스트 첫 번째 시나리오에서는 시장전반의 불리한 변화를 가정한 즉각적인 충격이 적용되며, 주요 자산군별 가격 하락률은 다음과 같다.

첫 번째 시나리오: 시장 환경 변화

- EU 부동산(Property EU): -55%
- Non-EU 부동산(Property non-EU): -44%
- EU 주식(Equity EU): -45%
- US 주식(Equity US): -42%
- 신흥국 주식(Equity emerging markets): -32%
- 채권에 대한 스트레스 테스트:

  회사채: 자산가격에 반영되는 신용스프레드(spread) 확대 충격이 적용된다. 이 스프레드는 각 채권 유형과 신용등급별 평균 듀레이션(mean duration)의 함수로, 베이시스 포인트(bps[36]) 단위로 제공된다. 해당 계수는 EIOPA가 정한 스트레스 테스트 사양에 따라 표로 제공된다.

  - 스프레드(spread): 자산 가격의 차이를 의미
  - bps(basis point): 1bps = 0.01%(1/100 of 1%)
  - 채권 유형(type): 비금융회사채, 금융기업보증채, 금융기업비보증채로 구분

---

36) 이자율을 계산할 때 사용하는 최소 단위로 0.05%이면 5bps라고 부른다.

- 신용등급(rating): AAA, AA, ···, 하위 등급 및 비등급(unrated) 포함
- 평균 듀레이션(mean duration): 만기, 쿠폰 이율, 이자 지급 주기, 수익률 등을 변수로 계산한 채권의 평균 만기 민감도

국채: 스프레드는 각 국가 및 듀레이션별로 베이시스 포인트(bps) 단위로 제공된다. 스트레스로 인한 시장가치의 하락은 적용된 스프레드와 반올림된 평균 듀레이션의 함수로 계산된다.

두번째 충격 시나리오: 장수(longevity) 리스크

이 시나리오는 금융시장과는 무관하게, 지역 사망률이 즉각적이고 영구적으로 20% 감소하는 경우를 설정하여 연금 부채에 미치는 영향을 평가한다.

• 가정 시나리오: 지역 사망률의 20% 감소

무위험금리곡선에 대한 가정
• 무위험금리곡선은 EIOPA에 의해 제공되거나 설정된다.
• 그림 IV.7은 기준(baseline) 시나리오와 부정적(adverse) 시나리오하에서 시간 경과에 따른 무위험금리곡선의 변동을 보여 준다.

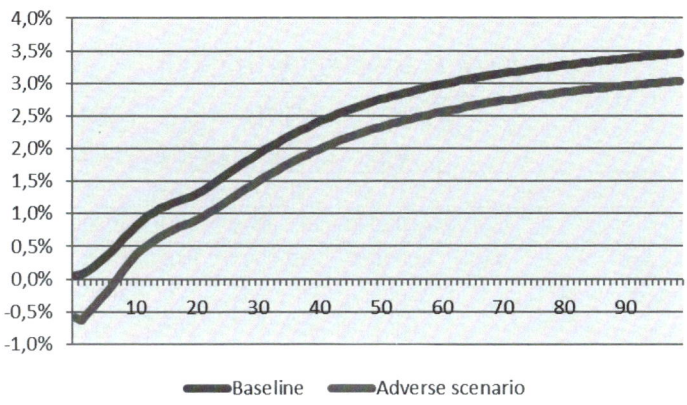

그림 IV.7. 기준 및 부정적 시나리오하에서 무위험금리곡선(2015, EIOPA)

6. 시나리오 결과

아래 표들은 투자자산과 사망률 시나리오에 대한 스트레스 테스트의 최종 결과(표 IV.8)를 나타낸다. 또한, 이러한 스트레스 충격이 국가재무상태표(NBS, 표 IV.9) 및 공통체계 재무상태표(CFBS, 표 IV.10)에 미친 영향을 보여 주고 있다.

Investments(순수 확정기여형(DC) 자산은 제외)

표 IV.8. 투자자산의 스트레스 테스트 결과

	기준선 수준	부정적 시장	기준선 대비(%)	장수 리스크	기준선 대비(%)
Property	1,000,000	505,000	-50%	1,000,000	0%
Equities	4,000,000	2,385,000	-40%	4,000,000	0%
Equities listed	4,000,000	2,385,000	-40%	4,000,000	0%
Developed markets	3,000,000	1,705,000	-43%	3,000,000	0%
Emerging markets	1,000,000	680,000	-32%	1,000,000	0%
Equitiesnon-listed	0	0		0	
Private equity	0	0		0	
Other	0	0		0	
Bonds	11,302,636	10,952,116	-3%	11,302,636	0%
Government bonds	10,005,314	9,734,990	-3%	10,005,314	0%
EU	5,463,518	5,412,208	-1%	5,463,518	0%
non-EU	4,541,796	4,322,782	-5%	4,541,796	0%
Corporate bonds	1,297,321	1,217,126	-6%	1,297,321	0%
Non-financial corporate bonds	793,938	765,568	-4%	793,938	0%
Financial corporate bonds	503,383	451,558	-10%	503,383	0%
Covered bonds	55,242	52,195	-6%	55,242	0%
Non-covered bonds	448,141	399,363	-11%	448,141	0%
Structured notes	–	–	–	–	–
Collateralised securities	–	–	–	–	–
Loans and mortgages	–	–	–	–	–
Derivatives	–	–	–	–	–
Deposits other than cash equivalents	–	–	–	–	–
Residual investment funds	–	–	–	–	–
Other investments	4,000,000	2,730,000	-32%	4,000,000	0%
Commodities	1,000,000	540,000	-46%	1,000,000	0%
Hedge funds	3,000,000	2,190,000	-27%	3,000,000	0%
Other	–	–	–	–	–
Total investments	20,302,636	16,572,116	-18%	20,302,636	0%

단순화된 공통체계 재무상태표(CFBS)에서는 연금 후원자의 재정 지원을 0으로 설정하고, 모든 급여는 무조건적인 급여로 가정하였다. 또한, 급여축소(benefit reduction)는 반영하지 않았기 때문에, 단순화된 CFBS는 NBS와 매우 유사하게 구성되었다. 단, 두 재무상태표의 주요 차이점은 CFBS에서는 위험마진이 별도로 산정되었고, 무위험금리구조가 적용되었다는 점이다.

다음 표는 기준 시나리오와 각각의 충격 시나리오(불리한 시장 환경 및 사망률 감소)에 대한 결과를 구분하여 보여 준다.

국가재무상태표(NationalBalanceSheet)

표 IV.9. NBS 스트레스 테스트 결과

	기준	부정적 시장	기준대비 (%)	장수 리스크	기준대비 (%)
Assets					
Investments	20,302,636	16,572,116	-18%	20,302,636	0%
Insurance recoverables	0				
Other assets	2,400,000	2,400,000	0%	2,400,000	0%
Total assets	22,702,636	18,972,116	-16%	22,702,636	0%
Liabilities					
Gross technical provisions	20,535,552	21,742,050	6%	20,614,579	0.4%
of which: pure DC	0				
of which: other	20,535,552	21,742,050	6%	20,614,579	0.4%
(-/-) Insurance recoverables	0				
Net technical provisions	20,535,552	21,742,050	6%	20,614,579	0.4%
Other liabilities (excl. subordinated loans)	500,000	500,000	0%	500,000	0%
Total liabilities	21,035,552	22,242,050	6%	21,114,579	0.4%

요구자본	기준선	경제리스크		장수리스크	
Funding requirement (higher or unique)	21,856,975	23,111,732		21,939,162	
Value of items eligible to cover current funding requirements	22,702,636	18,972,116		22,702,636	
Surplus(higher or unique)	845,661	-4,139,616		763,474	

단순화된 공동체계 재무상태표

표 IV.10. CFBS 스트레스 테스트 결과

	기준	부정적 시장	기준대비 (%)	장수 리스크	기준대비 (%)
Assets					
Sponsor support	0	0	0%	0	0%
Legally enforceable sponsor support	−	−		−	
Non-legally enforceable sponsor support	−	−		−	
Pension protection scheme	−	−		−	
Investments (other than assets held for pure DC)	20,302,636	16,572,116	-18%	20,302,636	0%
Insurance recoverables	−	−		−	
Assets held for pure DC	0	−	0%	−	0%
Deferred tax assets	−	−		−	
Other assets(excluding pure DC)	2,400,000	2,400,000	0%	2,400,000	0%
Total assets	22,702,636	18,972,116	-16%	22,702,636	0.0%
Liabilities					
Excess of assets over liabilities	24,239	-5,009,298		-61,109	
Risk margin	1,642,844	1,739,364	6%	1,649,166	0.4%
Best estimate of technical provisions (excl. pure DC)	20,535,552	21,742,050	6%	20,614,579	0.4%
Unconditional benefits	20,535,552	21,742,050	6%	20,614,579	0.4%
Pure conditional benefits	−	−		−	
Of which: ex-ante benefit reductions	−	−		−	

Mixed benefits	–	–		–	
Pure discretionary benefits	–	–		–	
Ex post benefit reductions	–	–		–	
Reductions in case of sponsor default	–	–		–	
Pure DC liabilities	0	0	0%	0	0%
Deferred tax liabilities	–	–		–	
Other liabilities (excl. subordinated loans)	500,000	500,000	0%	500,000	0%
Total liabilities	22,702,636	18,972,116	-16%	22,702,636	0%

재원적립 요건 대비 잉여금(surplus)에 주목하면, NBS는 기준선 시나리오에서 총 80만 유로의 양(+)의 잉여를 나타낸다. 이는 지급여력 지표로 환산 시 부채 대비 가용자금 비율 103.8%에 해당한다. 그러나 부정적(adverse) 시장 시나리오에서는 지급여력 수준이 급격히 하락하며, 장수리스크(longevity) 시나리오에서는 비교적 안정적인 수준을 유지하는 것으로 나타난다.

표 IV.11. 스트레스가 지급여력에 미치는 영향

재무상태표	기준 (Baseline)	부정적 시장 (Adverse)	장수 리스크 (Longevity)
NBS 부채 초과 자산	845,661	-4,139,616	763,474
NBS 지급여력 비율(자산/부채)	103.8%	82.1%	103.4%
CFBS* 부채 초과 자산	24,239	-5,009,298	-61,109
CFBS* 지급여력 비율(자산/부채)	100.1%	79.1%	99.7%

표 IV.10에 나타난 바와 같이, CFBS 기준에서는 스트레스 시나리오 적용 결과가 더 심각하게 나타난다. 이는 CFBS가 무위험이자율 구조를 적용하고, 위험마진을 추가로 반영하며, 후원자 지원(sponsor support)이나 급여조정(benefit reduction) 등의 완충 요소를 제외하기 때문에, 보다 보수적인 평가 결과를 도출하게 된다.

7. 기법에 대한 논의

스트레스 테스트는 연금제도가 노출된 다양한 취약성을 계리적으로 평가하는 데 있어 매우 유용하고 의미 있는 분석도구이다. 이러한 분석은 국가기준 재무상태표(NBS)와 공동체계 재무상태표(CFBS)를 기반으로 다양한 관점에서 적용될 수 있다.

CFBS의 과거 모델이었던 거시적 접근법(holistic approach)은 다소 부정적인 평가를 받은 바 있으며, 그 이유는 다음과 같다.

- 재무상태표의 핵심 항목에 대한 평가기준이 명확하게 제시되지 않았다.
- 기술적 충당금의 최선 추정치에 포함될 수 있는 급여 축소(benefit reductions)에 대한 가치산정방식이 불명확했다.
- 연금 후원자의 지원(sponsor support)이나 연금보호제도(PPS)의 평가 방법도 불충분했다.

이러한 한계점들은 2017년 EIOPA의 유럽퇴직연금제도지침(IORP) 스트레스 테스트 사양에서 집중적으로 보완되었다. 해당 사양에서는 불리한 시장 시나리오가 연금 후원자에 미치는 영향을 정성적, 정량적으로 평가하도록 구성되었다. 연금 후원자의 재정 건전성은 여러가지 추정 기법을 통해 현실에 가깝게 평가되고, 일정한 등급 체계에 따라 분류된다. 또한, 연금보호제도를 포함한 기타 핵심 항목들의 평가 역시 직접적이고 간소화된 접근 방식을 통해 제안되었다. 공통체계 재무상태표는 효율적이며 신뢰할 수 있는 계리 리스크 평가를 위한 견고한 출발점으로 자리매김하고 있다.

약어 목록

ABCM 발생급여적립방식(Accrued Benefit Cost Method)

BPS: 베이시스 포인트(Basis points)

CFBS: 공통체계 재무상태표(Common Framework Balance Sheet)

DB: 확정급여형 연금제도(Defined Benefit)

DC: 확정기여형 연금제도(Defined Contribution)

EIOPA: 유럽보험연금감독청(European Insurance and Occupational Pensions Authority)

FSMA: 벨기에 금융서비스시장청(Financial Services and Markets Authority)

GAAP: 일반회계기준(Generally Accepted Accounting Standards)

MCR: 최소자본요구(Minimum Capital Requirement)

NAV: 순자산가치(Net Asset Value)

NBB: 벨기에 중앙은행(National Bank of Belgium)

NBS: 국가 재무상태표(National Balance Sheet)

PBCM: 예측급여적립방식(Projected Benefit Cost Method)

PBO: 예측급여채무(Projected Benefit Obligation)

PPS: 연금보호제도(Pension Protection Scheme)

PVFB: 미래급여의 현재가치(Present Value of Future Benefits)

PVFC: 미래기여금의 현재가치(Present Value of Future Costs)

PVFS: 미래임금의 현재가치(Present Value of Future Salary)

RFR: 무위험 금리(Risk-Free Rate)

RM: 원시사망률(Raw Mortality)

SCR: 지급여력요구자본(Solvency Capital Requirement)

그림 목록

표 목록

연금 계리에서 주로 사용되는 표준 공식

x: 나이, n: 만기, i: 할인율, l_x: x세의 생존함수, w: 생명표 최고령 나이

자본화 계수:	$u_n = (1 + i)^n$
현재가치 계수:	$v^n = \dfrac{1}{(1 + i)^n} = \dfrac{1}{u_n}$
연이율 변환:	$(1 + i) = \left(1 + \dfrac{i_m}{m}\right)^m$
x세에서의 사망자 수:	$d_x = l_x - l_{x+1}$
x세의 1년 사망확률:	$q_x = \dfrac{d_x}{l_x}$
x세의 1년 생존확률:	$p_x = \dfrac{l_{x+1}}{l_x}$
x세의 n년 생존확률:	$_np_x = \dfrac{l_{x+n}}{l_x}$
두 생존자 x, y의 n년 생존확률:	$_np_{xy} = {}_np_x \times {}_np_y$
생존조건부 이연자본 계리현가:	$_nE_x = \dfrac{1}{(1 + i)^n} \times {}_np_x$
단일종신연금:	$\ddot{a}_x = \displaystyle\sum_{t=0}^{w_1-x} v^t \times {}_tp_x$
연생종신연금:	$\ddot{a}_{xy} = \displaystyle\sum_{t=0}^{\min(w_1-x;w_2-y)} v^t \times {}_tp_x \times {}_tp_y$
기본 관계:	$p_x = 1 - q_x$
	$\ddot{a}_x = 1 + a_x$
	$\ddot{a}_{x:n} = 1 + a_{x:n} - {}_nE_x$
1년 만기 사망보장:	$_1\bar{A}_x = q_x \times v^{\frac{1}{2}}$

n년 만기 사망보장:	$_{1}\bar{A}_x = \sum_{k=0}^{n-1} {}_k p_x \times q_{x+k} \times v^{k+0.5}$
할인생명표 기호 (Commutation symbols):	$D_x = v_x \times l_x = \dfrac{1}{(1+i)^x} \times l_x$
	$N_x = D_x + D_{x+1} + D_{x+2} + \cdots$
기본 관계:	$_n E_x = \dfrac{D_{x+n}}{D_x}$
	$a_x = \dfrac{N_{x+1}}{D_x}$
	$\ddot{a}_x = \dfrac{N_x}{D_x}$
	$a_{x:n} = \dfrac{N_{x+1} - N_{x+n+1}}{D_x}$
	$\ddot{a}_{x:n} = \dfrac{N_x - N_{x+n}}{D_x}$

참고문헌 및 자료 출처

Aanvullende pensioenen voor werknemers, Y. Stevens, V. De Brabanter, G. Gieselink, V. Pertry, P. Roels, 2004, Kluwer;

Actuarial Mathematics for Life Contingent Risks, D. Dickson, M. Hardy, H. Waters, 2009, Cambridge International Series on Actuarial Science;

EIOPA papers on stress testing for IORPS, 2015 and 2017, https://eiopa.europa.eu/;

Lang leven in België: een nieuwe prognose, K. Antonio, S. Devriendt, 2015, Leuvense Economische Standpunten 2015/151;

Le financement des régimes de retraite, P. Devolder, 2005, Economica;

Les opérations financières et les opérations viagères, H. Maurice, 1951, Bibliothèque Générale des sciences économiques;

Mathématiques des caisses de retraite, D. Dufresne, 1994, Éditions Supremum;

Pension-Fund Mathematics, A. Cairns, 2006, Heriot-Watt University, Edinburgh;

Pension Mathematics with Numerical Illustrations, H. Winklevoss, 1977, Pension Research Council;

Praktijkgids Aanvullende Bedrijfspensioenen, J. Dhaene en A. Verlinden, 1997, editors M. Goovaerts and T. Bauwelinckx., Ced-Samson, Wolters Kluwer;

Technisch Vademecum WAP, D. Beckers, H. Delobelle, P. Demol, C. Van Brussel, H. Veramme, 2004, Assuralia Belgische Beroepsvereniging van Verzekeringsondernemingen;

The Calculus of Retirement Income - Financial Models for Pension Annuities and Life

Insurance, M. Milevsky, 2006, York University, Toronto;

The fundamentals of pension mathematics, B. Berin, 1978, Publisher W. Mercer;

박상래, 박경국, 여상구, 성주호, 전홍규 공역, Jeffrey A. Beckley, Patricia L. Scahill, Matthew C. Varitek, Toby A. White, Society of Actuaries, 계리실무의 이해, 2012.

성주호, 법문사, 최신 연금수리학, 2016